U0528668

台湾街角小旅行

emico 著

emico 的散步地图

人民文学出版社

目录

简体版序   1
改版序   3
序   5

Chapter 1
穿梭・城市巷弄

轻恬，清甜：青田街一带   2
转角小惊喜：师大商圈   10
遇见好设计：捷运中山站一带   16
寻找眷村记忆：信义公民会馆   26
小巷弄里的天堂：彩虹眷村   34
带着故事去旅行：布袋戏馆、故事馆   42
淘气的童年时光：新港板头村   50
人文踏查：兰调心生活   58
山海之间：慢城泂澜   66

Chapter 2
漫步・怀旧美学

沪尾，静谧：淡水   88
温泉与书香，氤氲：北投   98
竹堑古城，漫游：新竹   104
九曲巷弄，迂回：鹿港   114
纯朴・农家，无米乐：台南菁寮   124
猫，踪迹，胭脂巷：台南安平   132
仓库・货柜，生活美：高雄驳二   138
人文市场，芬芳：台中忠信文创聚场   148
城市，寻宝乐：台北宝藏岩国际艺术村   156

Chapter 3
沉浸·杂货氛围

本地的温润朴真：好，丘	166
自然的对味生活：蘑菇	171
温馨细腻的用心与温暖：点点咖啡	176
不规则的美感：Akuma caca	182
日常的生活感：小日和	188
城市里，慢呼吸：11 楼之 2 的小花园	193
当音乐与咖啡相遇：呼噜咖啡	197
缓慢的时光·风景：和。好珈琲店	204

Chapter 4
慢活·小岛风情

| 飞翔的鱼：蓝调兰屿 | 210 |
| 菊岛仲夏：热情澎湖 | 227 |

| emico 的街拍分享 Q&A | 249 |

emico

简体版 序

　　说起台湾，你可能知道千年神木耸立的阿里山、湖光山色的日月潭，或者雄伟壮观的台北 101 大楼。这些旅游书上普遍出现的知名景点，固然是足以代表台湾的风景名胜，更是许多海外旅客喜爱造访的地方。然，如果你想要深刻地了解台湾的生活日常，细致地感受这片土地的温度，那么，不妨以"散步"的心情启程，来一趟不一样的台湾街角小旅行。

　　《台湾街角小旅行》收录了这些年来我背起了相机，四处散步旅行留下的风景与足迹，且让我带着你穿梭于城市里的街角巷弄，看见朴实平常的生活样貌；漫步于百年老街、老聚落，发现属于台湾丰厚的文化底蕴；走进一家家精选出的特色小店，沉浸于用心营造的空间氛围里；前进一个个小岛屿，感受更优闲自在的慢活风情。你也许可以按图索骥，如同寻宝般找到我眼里的风景；你更可以透过用心的体验与联结，创造属于你的心风景。

　　感谢人民文学出版社的协助，让此书能以简体中文出版，与更多喜爱旅行与摄影的你们分享。愿书里的文字与影像能引领着你看见我心底的画面，另一种单纯而美好的台湾风景；同时，也能触发你用缓慢的节奏迎接日日美好，发掘生活中的小风景。

emico
2016. 春

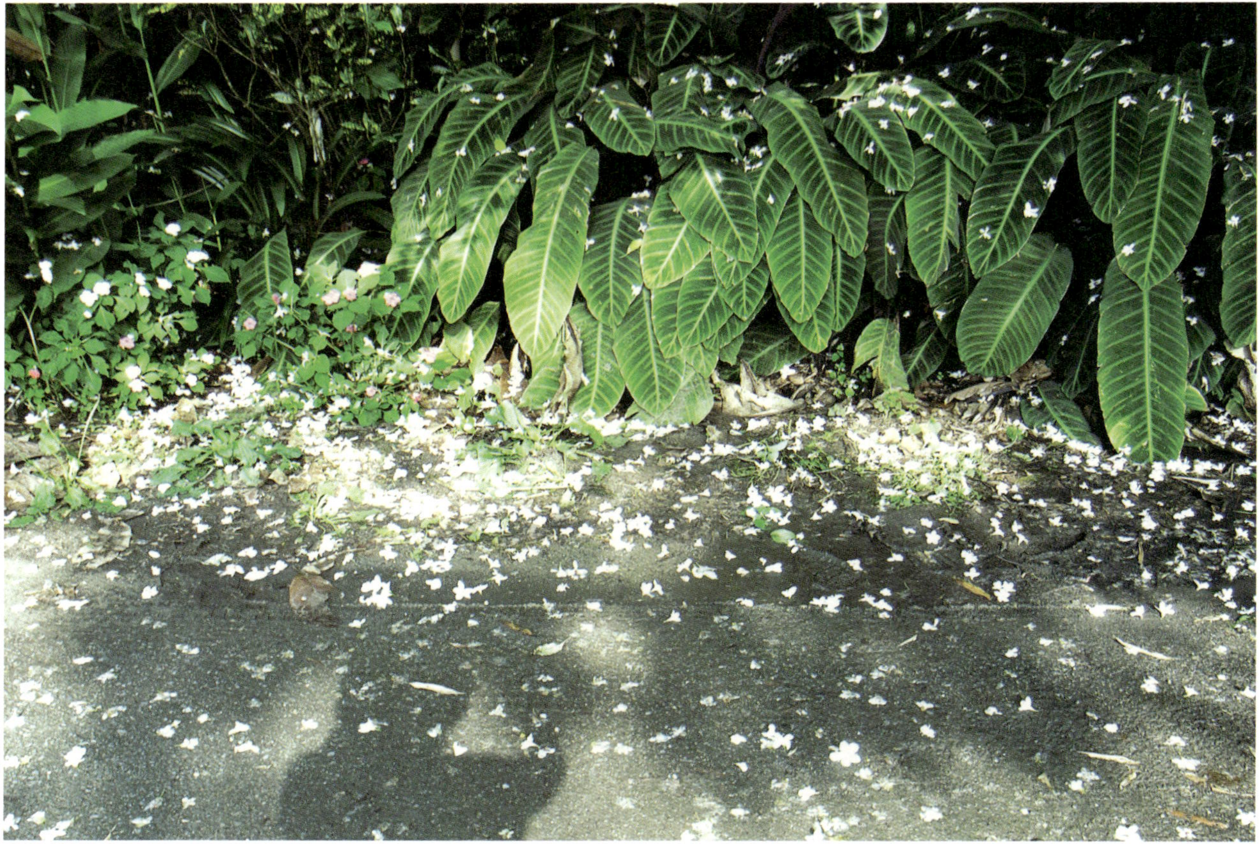

改版序

　　2012年盎然春意之间，集结台湾大小巷弄、乡村城市与风格好店的《台湾街角小旅行》出版了，一年多来此书历经六刷，直至2013年秋高气爽的今日，终于有了崭新的风貌，透过不一样的书籍设计重新诠释这块土地上一幕幕美好的风景。改版的同时，因物换星移之故，也特别增删了几个景点，希望尽可能提供最新的信息给每位读者。

　　这些日子以来，常有读者问我：走过台湾这么多地方，我最喜欢哪个景点？哪条散步路线最吸引我？想了许久，这些景点在我心中还是不分轩轾。风景之所以动人，散步路线之所以美好，也是因为缓慢行走间，用心体验与联结，感受到的温度自然能注入一张张影像里。"最美的风景不在异国他乡，而是你我生活里的日常"，我始终如此相信着。不论是上课上班的周间抑或周末闲暇，每天都用旅行的心情面对生活，便总能有心／新的发现。

　　特别感谢读者们透过书籍、网络、讲座与分享会，给予我最温暖的支持与真诚回馈，也但愿这些文字与影像能引领你用缓慢的节奏迎接美好的生活。新版的《台湾街角小旅行》，尝试用更简单清爽的设计，让这些散步风景和行旅记录回归最单纯且真实的样貌，如我们终得真诚看见自己一般。

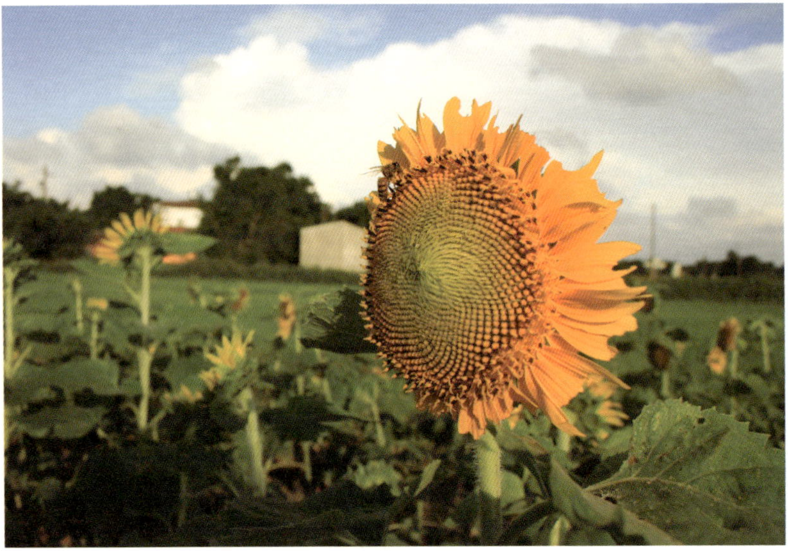

序

emico

　　总觉得自己像一只小蜗牛，伸出长长的触角探索世界，以缓慢的步伐穿越时间之流，最后，将那些经历过的美好一一收藏在壳里，成了最坚强的堡垒。

　　想起小时候，父、母亲总会带着相机利用闲暇的时光，带我们几个小孩子四处走踏。在浩瀚的大自然中，闻嗅土地的芬芳，啜取空气的清新，聆听海浪的乐音，捕捉高山的壮阔美景；在古意盎然的老街巷弄里，抚摸一砖一墙的历史痕迹，阅读平凡感动的老街轶事，赞叹先人的克俭克勤，遥想旧时的人文岁月。然后，旅行，成了我生活中不可或缺的习惯，一路上汲取着它带来的养分，逐渐长大。

　　长大后，换我一个人背起了相机，在时间的缝隙中散步，寻找心的出口。在繁华城市的巷弄里漫步，品尝用心小店的手作料理，寻找转角的每个小惊喜；在纯朴乡野的田间流连，记录稻子的四季生长，让浓醇的人情味儿暖暖心；在悠活小岛的蔚蓝天里沉醉，洗净心底的所有尘埃，沐浴着自由自在的度假气息……

　　然后，我带着一颗慢灵魂安然地在生活中，旅行。

站在台湾这块土地上，二十六个县市、三百多个乡镇，数不清的巷弄，每一个小小角落都是值得倾听的故事。有的人用单车环岛，用轮子滚出热血的印记；而我，散步至每一个街角，用脚印踏出绮丽的风景，用镜头写下深刻的心情。不需要缜密的规划，不需要吆喝三五好友，一个人带着勇气、相机和无穷的想象力，踩着轻盈的步伐，享受单人风景独特的美好，恣意的散步小旅行，随时随地，出发！

于是我说："散步，是一种心情，一种心生活态度。"

衷心感谢一直默默支持我的家人、朋友，此书幕后所有劳苦功高的编辑们，还有那些曾陪伴着我一起散步的所有美好风景。好爱你们！

emico

Chapter 1

穿梭·城市巷弄

每一个城市，都有着独特的美丽姿态；
每一条巷弄，都有值得等待的小惊喜。
来来回回穿梭，
看那些绚烂色彩尽兴地被挥洒，
那些创意躲在每个角落里；
贪恋着那迷人的风景，
就算是迷了路我都甘心……

Let's take a walk

青田街一带
轻恬，清甜

第一次听到"青田街"时，便被这充满文学艺术气息的街名所深深吸引，想象着走在那错综的巷弄中，啜取着一口又一口的轻恬浪漫。事实上，青田街聚落确实就是日本殖民统治时期许多达官显贵、文人学者的寓所，目前尚存三十三栋日式宿舍，是全台湾保留最完整区块的日式住宅。

和平东路上车水马龙，人群熙来攘往，任谁都难以想象随意走进这里的巷子，竟是远离尘嚣的世外桃源。炙热的夏日早晨，虽无蓝天做伴，但眼底尽收盎然绿意；古木参天，像是一支支撑开的绿伞，守护着树旁的日式木房；老树盘根错节，紧紧抓住芬芳的泥土，一眨眼便是一世纪。些许古意、几分宁静，柏油路上偌大的"慢"字，提醒着驾驶者似乎也点醒了旅人，信步至此，不妨缓慢感受时光的流动吧！

台北

:emico:

喜欢在巷弄中散步,便是喜欢观察家家户户的居家生活美学,如同这垂坠的绿意、特色木门,为这巷弄增添不少清新气息。

不仅是锦町的旧时光令人着迷,其实我更爱巷弄里无所不在的惊喜。街上的水泥墙,突如其来一段黑色细明体文字:"你走过,便躺成一片草地。"一段出自于夏夏的诗句,文艺了整条街。就连悬挂于墙上的红配绿邮筒,都变得可爱至极。家家户户门前繁盛的花草绿叶,足以让我感受到小区居民的用心,以及对于环境美学的重视。

我拎着相机轻轻走过丽水、温州、永康、青田街一带,享受着静谧的时光与轻恬气质的氛围。

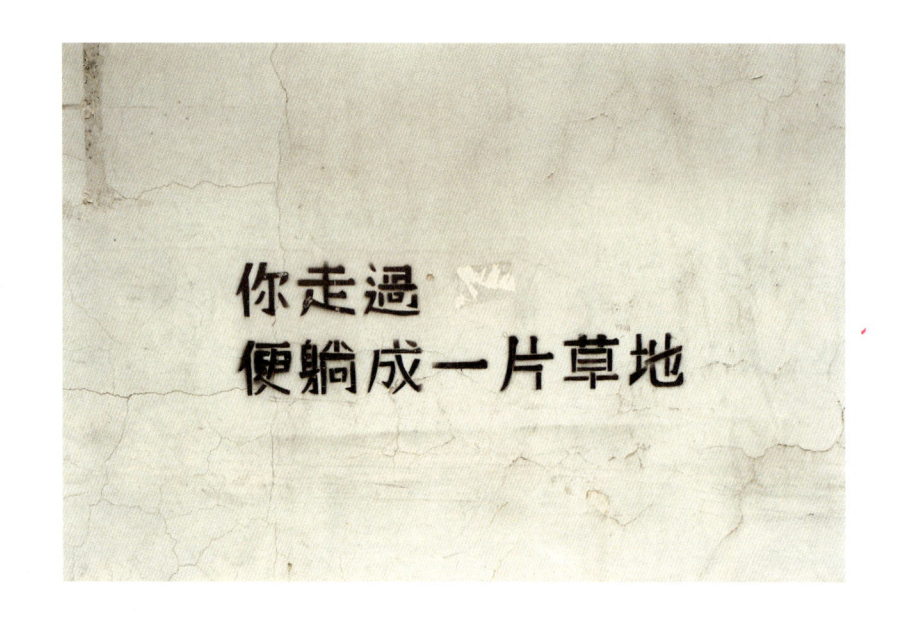

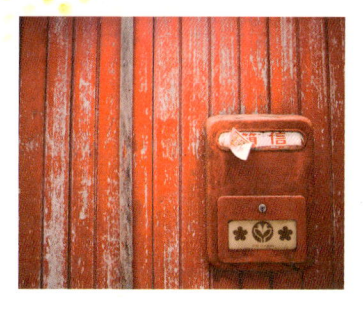

艳丽背景下，斑驳的伟士牌机车、到此一游的红绿对比邮筒，路边的小风景往往是惊喜，放慢脚步、多用心观察便能发现。

::emico::

:: emico ::

由于眼前所见的日式木房大多年久失修，或有藩篱围墙阻挡，于是采用仰拍日式木房的屋顶以呈现出岁月感。

路边的环保创意装置或店家陈列的复古椅，都是散步的惊喜！

∴ emico ∴

Chapter 1　穿梭・城市巷弄

∷ emico ∷

为了带出整排的老房子风景及狭小的巷弄，配合柏油路上的「慢」字，以低角度拍摄，提醒路人慢慢地欣赏眼前日式老房与巷弄小径的静谧风华。

师大商圈

转角小惊喜

曾经，这里的人潮日日夜夜川流不息，各式异国美食与服饰店家聚集于此；然，商圈经济与生活质量的失衡，终究引爆商家与当地居民的抗争冲突，诸多店家陆续出走师大商圈，过往的繁华顿时褪尽，居民如今重拾缓慢朴实的生活步调。

周末的秋日午后，云淡风轻，走出捷运台电大楼站，沿着师大路缓缓前行，在每个十字路口徘徊，试图安排最好的散步路线，探寻狭窄巷弄中的小惊喜。从云和街漫步至温州街，少数的日式平房仍以充满岁月感的姿态，存在于文艺学术气息氤氲的时空里。在盎然绿意之间，蓝绿色木门半敞，引领我带着好奇心走进静谧的花园，而这正是台大哲学系教授殷海光先生的故居。葱郁树丛中，一幢老旧的木屋汇集了殷教授一生非凡的成就，以及他带给后人缅怀追念的信念与价值。午后斜阳穿透随风摇曳的树叶，在木墙上、石阶上舞出动人的光影，煞是迷人。

台北

铁皮屋有了逗趣的涂鸦不再单调，就连一扇褪色的红铁门都能精雕细琢。

:: emico ::

泰顺街巷弄中，隐身着一家由日式老房子改建而成的风格小店——"找到咖啡"，与青田街上的"学校咖啡馆"皆为同一老板，从店内空间的设计氛围自然能感觉到几分相似，尤其是那各式各样的椅子，总让人忍不住多看几眼。咖啡馆之外的环境设计则呼应了店家想传达的艺文气息，不论是橱窗设计、庭院花草、展览讯息交流处，里里外外的大小角落在在诉说着店家的用心。复古的华丽木马伫立于老屋前，孩提时代旋转木马的圆舞曲似乎仍轻轻缭绕在耳边；屋顶上的猫慵懒睡着，安逸做着它的美梦，如此宁静的一瞬，心也忍不住轻巧了起来。

穿梭于住宅、商家巷弄间，我总喜爱抬起头望着阳台上种满的一盆盆红花绿叶，看着家家户户的围墙与大门有着自己独特的美丽，欣赏着许多店家有意思的空间与橱窗设计。走在这里，如同参加了一场平民艺术展览，哪里都有小惊喜。少了喧闹，这里似乎更适合惬意一下午。

::emico::

老屋前的旋转木马,在碧绿树荫下伫立着,构成一幅和谐的画面。

:: emico ::

侧拍几何纹路的围墙，光影之下显得更加立体。

巷弄间的小惊喜可能就隐身在某个店家设计、某个可爱的小装饰里。

::emico::

殷海光故居树木扶疏，阳光洒落，写下秋日的诗篇。

捷运中山站一带

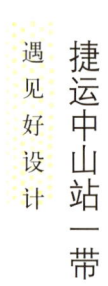

遇见好设计

爱上台北,是从这里开始。

每次来台北,我必定要到捷运中山站周遭走一回,仿佛只要沉浸在那充满艺术设计的氛围里,便能耳目一新,就连心灵也能一同充电。

步出从台北车站疾驶而来、人潮拥挤如沙丁鱼般的捷运淡水线车厢,打从抵达中山站开始,便能感受到一股不同于其它捷运站的气氛,方才的大量人群和接踵摩肩,在此刻获得舒缓。与捷运站比邻而居的"MOCA台北当代艺术馆"像是这一带的精神领袖,带起了捷运地下艺术街与周边公共艺术设计的风潮。原有

台北

以马赛克砖拼贴出这些可爱的小动物们，使它们以一种逗趣的方式存在于公园，早已成为路过行人的热门拍摄景点。拿起相机，不妨以不同的角度来观看它们吧！

::emico::

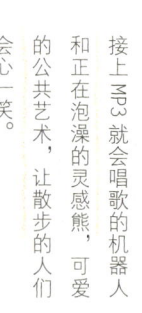

接上 MP3 就会唱歌的机器人和正在泡澡的灵感熊，可爱的公共艺术，让散步的人们会心一笑。

:: emico ::

的地下书街，结合文创商品的推广行销与开放式的艺术展览空间，让捷运站更趋向多元化的发展。中山地下街 R4 出口至 MOCA 的线形公园里，各式各样的马赛克砖装置艺术充满了童趣与巧思：跑道上爬行的蜗牛领先了怎么跳还是跳不赢的小白兔、母鸡带小鸭呼应了族群融合的社会、以阿基米德作为发想的泡澡灵感熊、从淡水河来的娇客等，还有可接上 MP3 播放的音响机器人 BIGPOW。一路往 MOCA 散步而去，我喜欢在公园林荫间寻找这样的惊喜，一次又一次，随着时间与心情的不同，便能拥有不同的视野。

:: emico ::

中山站线形公园的腹地虽然不大，而且邻近百货商圈的人潮也不少。但是，选在冬天的清晨在那儿散步，倒也觉得清静悠闲。

Merry Christmas
And A
Happy New Year

WE HAVE
A DREAM!
PPAPER 100 EXHIBITION

漫步于小巷中，随时留心店家的精心布置，每一个转角常会有令人赞叹的创意。

不论是店家外墙的彩绘，还是橱窗空间的设计，用不同的角度来观察，都是视觉的飨宴。

:: emico ::

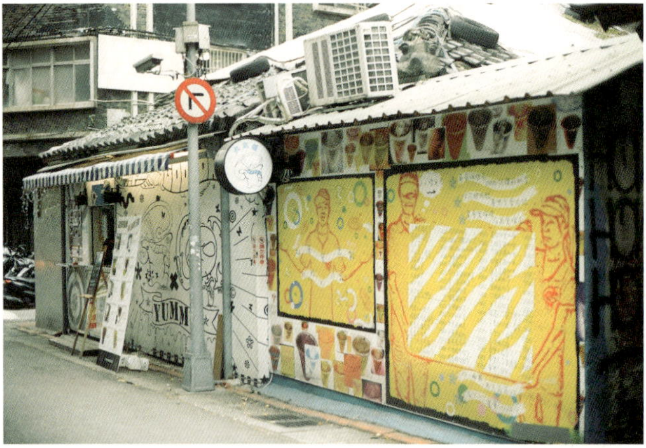
YUMM

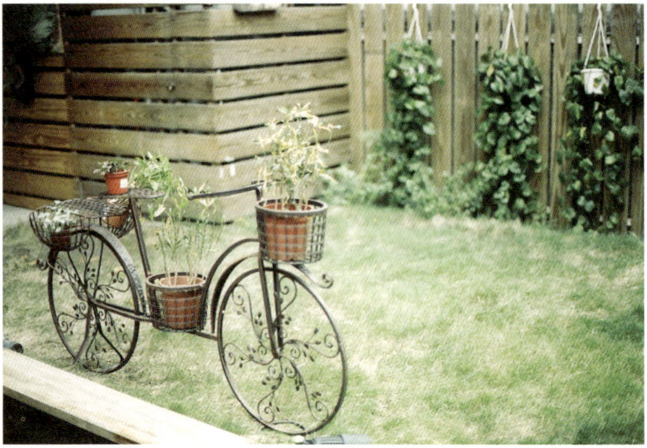

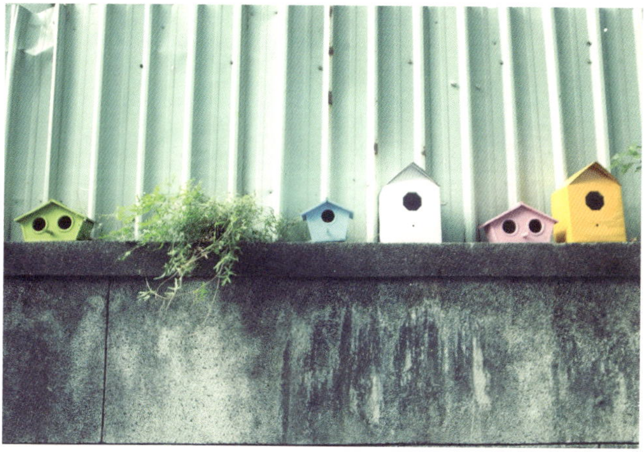

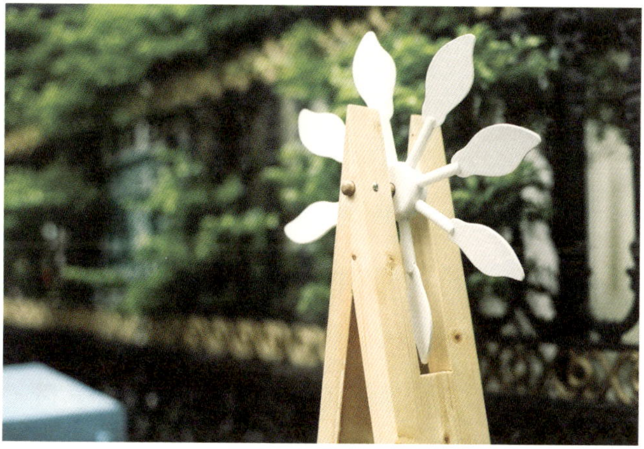

信义公民会馆

寻找眷村记忆

踏入办公高楼争相斗艳的信义区,我常怀疑自己与这里格格不入。路人时尚前卫的装扮、急急忙忙的脚步,而我一身平凡休闲,脖子上还挂着沉甸甸的相机,在宽敞的大马路上像一只蜗牛般缓缓爬行。小心翼翼地穿越了百货公司林立的热闹商圈,不时抬头仰望高耸参天的台北101,以它为参考点,往四四南村(现称"信义公民会馆")走去。

四四南村,一个1949年后兴建的眷村,村内居民皆为联勤第四十四兵工厂的厂工,四四南村因而得名。它,默默隐身于世贸馆附近,见证此地五十多年来的风华。然而,岁月的巨轮不停转动,随着信义区的繁荣发展,地价逐渐攀高,四四南村面临了

台北

::emico::

淡蓝色、砖红色的窗棂,精巧的花盆与木椅,店家的进驻为四四南村增添了些许艺文气息。

许多眷村终究逃脱不了的拆除命运。所幸,在许多热心人士的奔走之下,它还得以保留些许生活空间,供后代人细细追忆回味。

我不是在眷村长大的孩子,但对于眷村过往的一切,却充满着想象与好奇。这些年,纵使心里一直有着想要走进眷村拍些影像的念头,始终没有勇气实现。对于一个陌生人突兀地闯进原本联结紧密安好的眷村生活空间,总有一丁点儿担心自己会打扰到居民们,往往每次昂首阔步的勇气,总在眷村巷口前戛然而止。这次,不如就先从这个人去楼空的四四南村开始走起吧!

我与眷村的第一次邂逅。

这一排排井然有序的水泥平房,没有太多鲜艳的色彩,褪了

:: emico ::
与101大楼比邻而居,这样的时空交错成了一种特殊景观。

愛護鄉里

四四南村里的房舍整齐得像是一排排积木，墙壁上斗大的口号，传达上一个世代的文化。

色的木门、窗户以及空间格局也大多相似,和记忆中对于眷村的印象似乎有些出入。文物馆里头,借由居民的衣物、家具摆设以及各种影像,勾勒出几十年前的眷村风景。而我特别喜欢贴在窗子或是旧木门上的春联,凭借着这只字片语想象着几十年前家家户户聚居于此的繁华荣景。"好,丘"是进驻这里的一家咖啡店,不仅卖可口的手工食物,也贩卖着许多创意商品。此外,假日的时候,这里时常会有各种热闹的市集或艺文活动,注入了另一股创意与艺术的新生命。

繁华城市的夹缝中,还存在着一个老旧的眷村依偎着101大楼缓缓呼吸,像是一块瑰宝,值得城市里忙碌的人们好好珍惜。

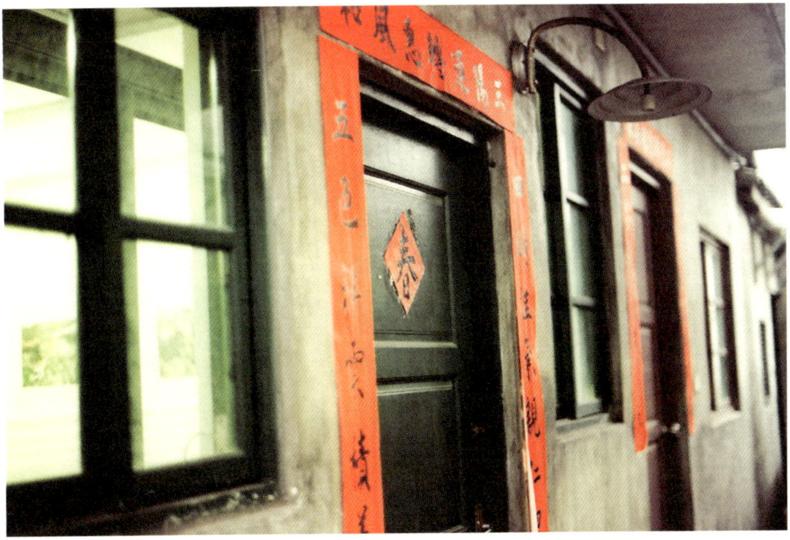

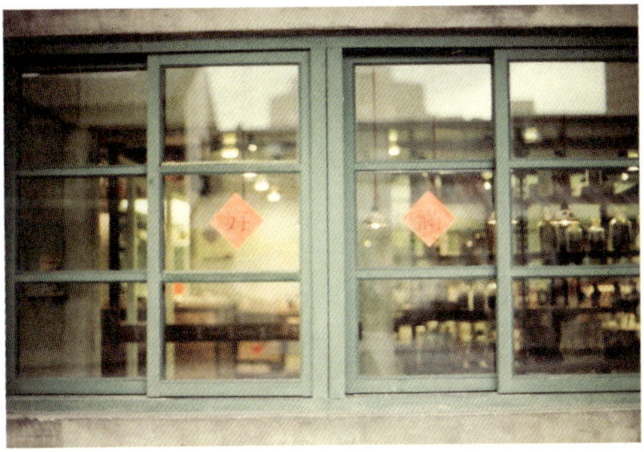

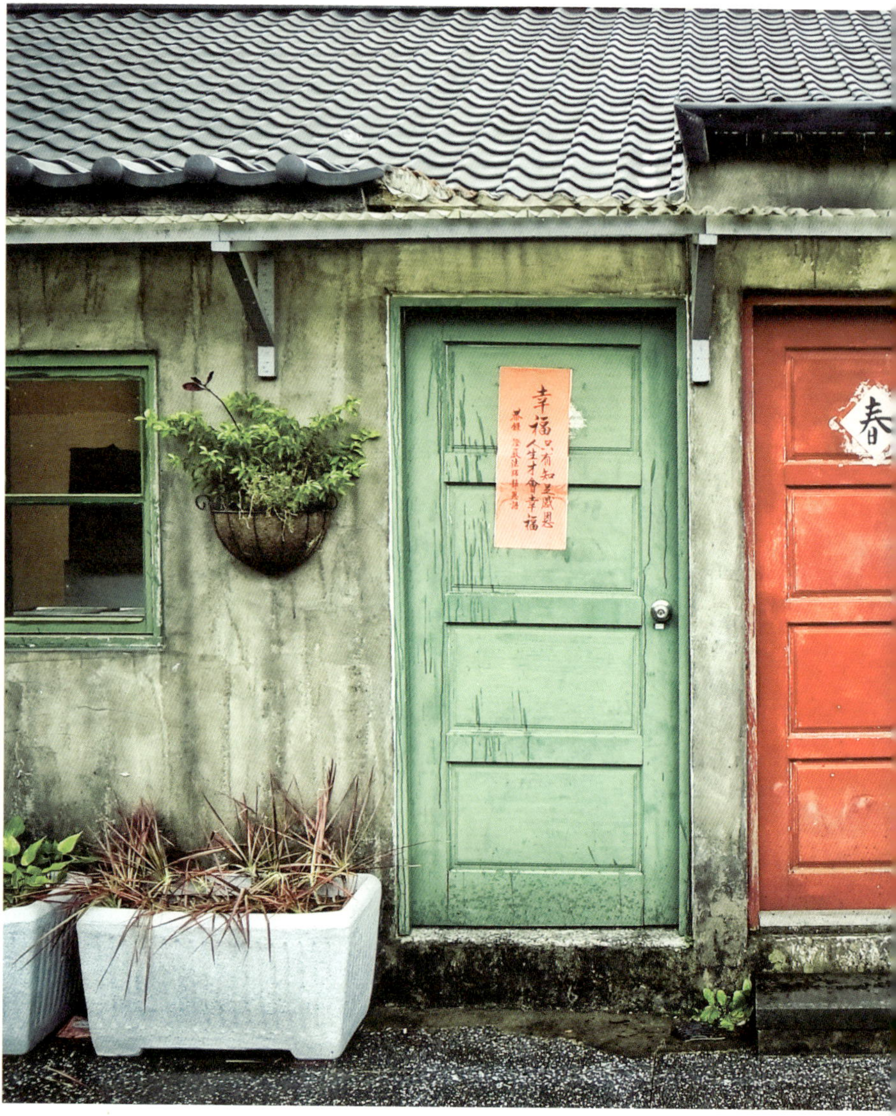
幸福
只有知足感恩
人生才會幸福
春

：emico：

家家户户的门窗上贴着早已褪色的春联，搭配各种颜色的木门，这是我觉得四四南村最有意思的地方。

不单单只有拍春联，连同周遭的景色也一同入镜。

彩虹眷村
小巷弄里的天堂

如果有一天，我也八九十岁了，我会做些什么呢？我还会有冲劲、热情与勇气做自己喜欢的事吗？我不太确定，但是我知道有一个人，他早已身体力行许久。他，就是居住于台中干城六村，一位九十多岁的退休老兵——黄永阜爷爷。他在居住的眷村里用画笔彩绘出五颜六色的图样，每一种图样都是来自于自己的创意与想象，而且他还以各种废弃的物品为媒材，在房子的各个角落装饰出不同的景致，令人惊艳。

"彩虹眷村"位于台中市岭东科技大学附近春安路的巷弄之中，原名为干城六村。几年前曾因都市重划，一度面临拆迁危机，但经由黄爷爷的巧笔一挥，缤纷色彩洒落在眷村里的每个角落，就连人孔盖也不放过，于是"彩虹眷村"的名号不胫而走，越来越响亮。在许多文化人士与各界民众的力挺下，彩虹眷村得以留存，成为台中市的文化资产。如今，不分平日或假日，这里早已成为婚纱外拍的首选之地，也让更多外地人慕名而来一探究竟。

台中

::emico::

像彩虹跑道的地面以及琳琅满目的壁画图案，从数量及色彩的运用看来，黄爷爷的创作能量相当惊人。

黄爷爷的画风相当特别，各种人形与玩偶图案融合了几何图案，其丰富的想象力处处可见。绚烂夺目的色彩，装饰了每一面墙壁、窗户和地面，仿佛乘上了哆啦Ａ梦的时光机，回到童年的欢笑时光。不仅只是图案，黄爷爷也常在画作之间题上一句话、一段文字、一首诗，屋檐边的"小心头"，地面上的"永结同心、百年好合"，围墙上的"感恩的心、美善人生"，或许正诉说着黄爷爷这一生的深刻体验与殷殷期盼。从一开始，黄永阜爷爷只在自家门前画，一个、两个，直到后来在邻居的期盼下，画了三个、四个，越来越多……我相信从画笔下找到乐趣的黄爷爷将不再那么寂寞孤独，因为，他的世界里有这么多可爱的图案相伴，而且，越来越多人选择在这里按下快门，留下彩虹眷村缤纷的一瞬。

是爷爷的热情与梦想，还有一些些的童心未泯，绮丽了差点化成倾颓瓦砾堆的彩虹眷村。

::emico::

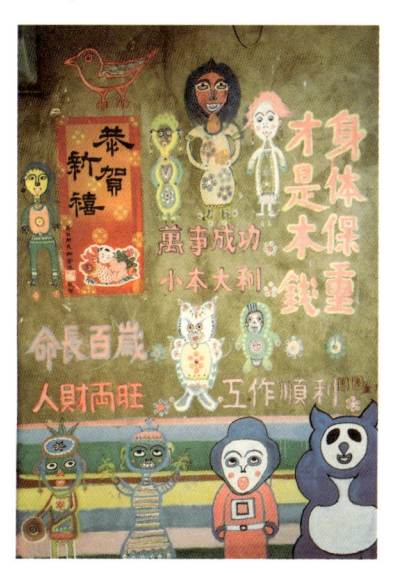

墙上、地上常常会出现各式各样的玩偶和精神标语，可说是属于彩虹眷村的特色，绝对值得旅人按下快门。

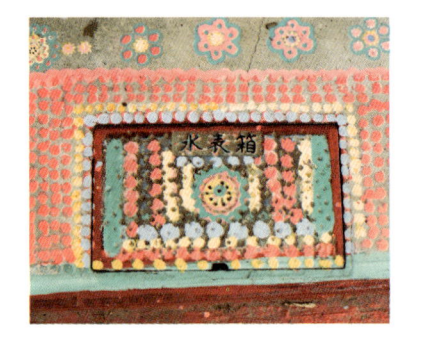

走在彩虹眷村里，不只是墙壁，就连地上的风景都很绚丽。水表箱在点点粉嫩色系的围绕下，变得精致可爱，而那躲在一隅的猫咪，也忍不住慵懒地沉浸在彩虹世界里。

emico：

缤纷的彩虹眷村，透过不一样的底片特殊发色，增添更多摄影乐趣。

emico

emico：

斜屋顶的屋檐很矮，简单一句『小心头』叮咛，让人备感温馨。

黄爷爷的童趣作品处处皆是，带入屋檐与地面，将现场更多元素融入自己的视野中。

::emico::

布袋戏馆、故事馆

带着故事去旅行

云林，这个与新竹相距两小时又五十分莒光号车程的地区，距离似乎不算遥远，但我对于云林的认识，总觉得十分朦胧。脑海中的印象只停留在浓郁的古坑咖啡香、咸咸的海风、热闹的迎妈祖景象与纯朴渔村中的巨大工厂。偶然在电视节目中，看到云林"虎尾"的相关报导，才得知近几年来，一群地方文史工作者在这个素有"布袋戏故乡"之称的虎尾，极力推动保存古迹、活化空间的任务。兴致一来，就去云林散散步吧！

布袋戏馆的前身是建于1931年的虎尾郡役所，从空间的设计上来看，这是一栋三合院、两层楼的半木造厅舍，是台湾少数仅存那个时期所兴建的郡役所建筑物。历经几十年的光阴，从郡役所至虎尾警察分局，终于在地方人士的极力争取之下，将这个闲置的空间结合传统艺术——布袋戏，成立全台独一无二的"布

云林

::emico::

老房子的样貌颇为完整,加上大红门联的点缀,增添几分古意。

不仅如此,放在门边的两双木屐,仿佛也牵引着旅人走进过往的时空。

袋戏主题馆",肩负布袋戏文化传承与推广的使命。走进布袋戏馆,各个展览空间分别展示着不同的主题,从掌中戏、金光戏至现在家喻户晓的霹雳布袋戏的文化沿革,各种戏偶的陈列,以及将当地文化融入学童的乡土教育,教导学童制作戏偶、掌中运乾坤,甚至仍播放着布袋戏影片供游客回味。如果,你是一个对布袋戏极为着迷的旅人,那这几近完整的展览内容,应该能让你在里头徘徊许久。

与布袋戏馆相隔一条街,就是云林故事馆。云林故事馆是目前台湾众多木造日式建筑活化运用案例中,我最喜欢的一个。不论是在古迹的保存、修复及空间的应用规划,都有许多令人赞赏之处。在日本殖民统治时期,这里是虎尾郡郡守官邸,纯日式的木造建筑在台湾光复之后,成了云林地方法院院长的宿舍。长期以来,此地皆为官员的私人居住所,一般人难窥全貌。2007年开始，这里成了云林故事人协会长期推广阅读文化的场所。故事馆的成立无疑地让云林人渐渐有了与阅读接轨的桥梁，透过各种课程与展演活动，让大人和孩子一起沉浸在书香世界里。我特别喜欢屋檐下那一个个晴天娃娃，充满童趣、创意，风一吹来，晃晃荡荡，可爱极了！不仅如此，户外空间摆放着小学生的课桌椅，各式各样的童玩。若是周末假日造访这里，或许还能幸运地遇上故事讲述或剧场演出的活动，再不然，躲进木屋里挑几本绘本，让想象力随着书中的图画与文字一起飞翔，轻松自在地度过一个美好的早晨或午后。

一趟云林之旅，让我看见云林的不一样，一群小人物默默地深耕当地文化，走进这里，看见更多云林的故事。然后，我们继续一边散步，一边旅行，一起创造属于自己的故事。

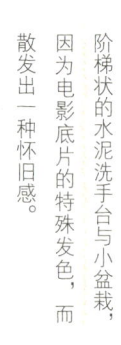

故事馆的日式建筑。光线透过一格格的木窗,让整个空间变得明亮温暖,摆在木架上的书籍,吸引着孩子的好奇目光。

阶梯状的水泥洗手台与小盆栽,因为电影底片的特殊发色,而散发出一种怀旧感。

树的枝桠、矛形栏杆与布袋戏馆屋宇一角,逆着光的氛围,恰如其分的清淡。

::emico::

好喜欢悬挂在屋檐下的晴天娃娃,各式各样,有孩子的纯真手感,也有大人的精致设计,高高低低,随风摇曳。

此时,若能在这屋檐下暂栖一隅,也是十分幸福啊!

:: emico ::

为了营造怀旧气氛，一台新颖的脚踏车装扮成复古模样，虽有些美中不足，但以后方的木屋为背景进行拍摄，整体来说，仍是很棒的画面。

红砖墙与薄荷色的木柱，色彩对比透过长长的回廊呈现。

新港板头村

淘气的童年时光

大学时代,在嘉义待了四年,当时对"嘉义"没有特别深刻的感触,直到毕业离开之后,才特别想念它的好。犹记得每一次往返学校与家乡的火车上,我特别喜欢靠窗的位置,当火车驰骋过嘉南平原时,一望无际绿油油的田野,总让我心情大好。等到下了火车,那专属于嘉义的纯朴气味,便一股脑儿扑鼻而来。更令人念念不忘的是,这里一年四季的天气大多温暖舒适,一到假日,大伙儿骑着车到处闲晃,学校的隔壁乡镇"新港"变成了我们三不五时便会造访的地方。

嘉义

emico：
好羡慕这户人家的围墙，那墙上的黑猫、准备攀墙一跃而下的淘气小孩，让人看了忍不住会心一笑。

香火鼎盛的"新港奉天宫",吸引了许多虔诚的香客,庙旁的鸭肉羹总是大排长龙,再过去一点,还有阿钦伯的"大树脚"粉圆冰,我脑海中的印象始终还停留在七年前的大学时代。当然,说到新港,便不可不提"交趾陶剪黏艺术",这里可是台湾交趾陶发展的重镇,目前全台将近九成的交趾陶师傅都出自新港。这些年,新港结合了这项重要的文化技艺,推动小区营造,让过去一向平静的农村,渐渐涌入一波波对交趾陶慕名而来的观光客。

板头村,便是一个成功的社区再造案例。初次到访者,即便是依赖着卫星导航前来,在几度前不着村后不着店的路途中,不免心生怀疑:那个可爱逗趣的社区真的在这里吗?直到开始看见停放在田野边的一台台车辆像条长龙,才发现板头村的魅力如此惊人。平凡的农村,在板头窑主的支持下,提供交趾陶材料,让村民们共同合作着手打造交趾陶与马赛克拼贴艺术的社区,田野边、围墙边处处可见充满童趣的农村生活。尤其是一头头的台湾水牛,坐落在田边,每一头各具特色,拉着牛车、奋力向前行的姿态栩栩如生。而那个躲在围墙边,身穿制服玩捉迷藏的可爱小女孩,正在爬围墙的调皮小男孩,更是这里的人气明星,孩童们追逐嬉戏、活灵活现的模样,十分逗趣。继续往前走去,更壮观的交趾陶艺术墙面就在古笨港的堤防边,一大堵灰色水泥墙变成了剪黏雕饰的红花绿叶,仰望着作品的我,忍不住赞叹师傅们的一双巧手,妆点出精致的壁画艺术。

仿佛小学课本插图里的那些人物通通都跑了出来，在乡间田野享受着愉快的童年生活。

∷ emico ∷

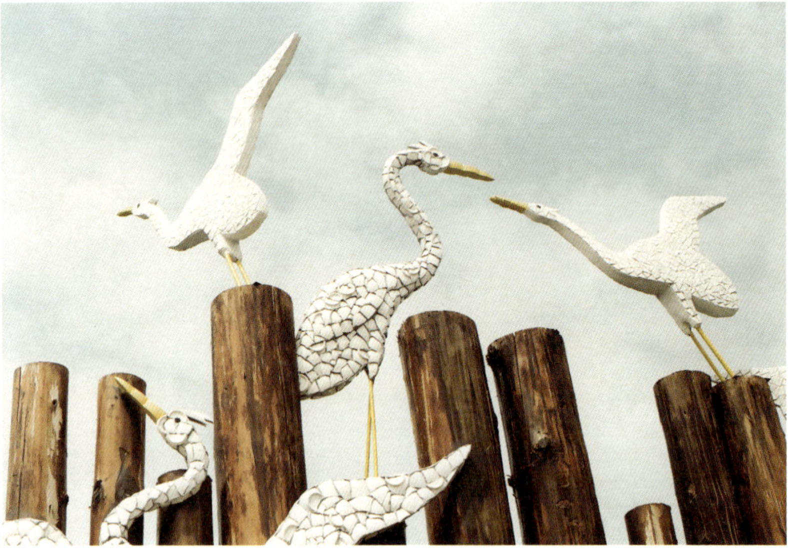

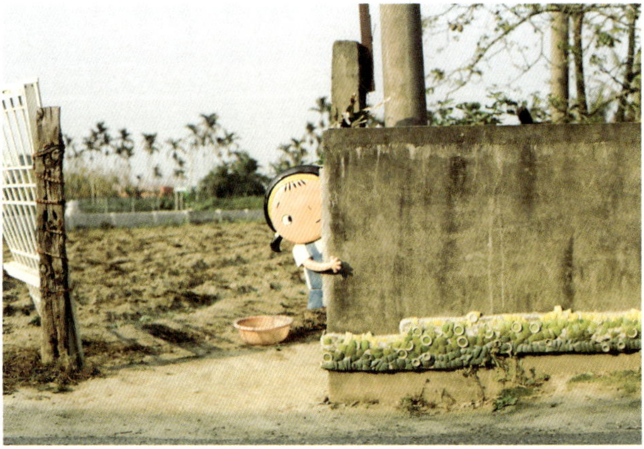

绿油油的稻田边，各式各样交趾陶剪黏而成的牛只们栩栩如生，展现了牛只们对农家的辛勤付出与贡献。

"如果有一天，火车会回来"，曾经，这里拥有一条台糖最赚钱的黄金铁道，五分仔车铁路串连了糖厂与蔗田，加上每年到北港或新港妈祖庙朝圣的信徒们也得倚靠这条铁路，当时的荣景可想而知。但，随着急遽的时代变化，板头厝车站也随之没落。如今，社区居民拥有一致的目标，成功营造出特色社区，自然地也带进了庞大的观光人潮，带动周边观光产业。即便不再有五分仔车经过，但板头厝居民们正逐步找回失落的记忆，以交趾陶艺术扎根，让更多的旅人走进这里，感受农村的悠闲朴实与趣味。

不论是板头唐阿兄还是其他的社区人士们，以各种复古或是融入环保艺术的方式，将整个社区点缀得美轮美奂，极有特色。

∴ emico ∴

兰调心生活

人文踏查

孩提时代，雪山隧道尚未开工，往返宜兰的捷径就只能依赖北宜公路。车子在九弯十八拐间迂回，胃也跟着翻腾了好几圈，直到驶进头城，看见辽阔的兰阳平原或是远方的龟山岛时，心胸才能感到一阵舒坦。幽蓝的海、油绿的稻田，一直是最深刻的兰阳记忆。

2006年雪山隧道开通启用后，原本生活圈在台湾西部的我，也开始把宜兰当作是自家后花园般，轻松恣意地进出。这些年来，兰阳平原中一栋栋具有设计感的民宿，如雨后春笋般成立。周休二日假期，总也可以面对着一望无际的原野，过着闲云野鹤的浪漫生活，不受俗事打扰。

宜兰

垂挂的藤蔓，恣意往下延伸，以最美的姿态。

而那白色房舍，透过前景的大片绿叶，衬托出它的纯净洁白。

emico

关于宜兰，实在有太多说不完、数不尽的景点。此地既拥有丰富的自然生态环境，亦保存着丰厚的人文史迹，就像一个填满宝藏的宝盒，一掀开就有挖掘不尽的惊喜。我喜欢"宜兰设治纪念馆"，老树成林簇拥着它，恬静优雅，仿佛它就是最高贵的明星。我也喜欢"罗东林场"，一个早期负责安置从太平山上运下来的珍贵木材的林场，如今经过一番装扮与设计之后，便成为宜兰县文化创意商品展览馆。我喜欢踩踏着林间的木屑，望着与蔚蓝天空相辉映的贮木池，细细品味兰阳之美。我喜欢沿途的每一寸风景：上百只白鹭鸶停留在刚翻过的土壤上，好不热闹！梨子个个撑着一把透明伞，煞是有趣。随处可见的稻田与葱田，处处绽放着纯朴的乡间气息。

　　来到宜兰，用散步的心情，骑乘一台单车四处游走，发现，更多的发现。

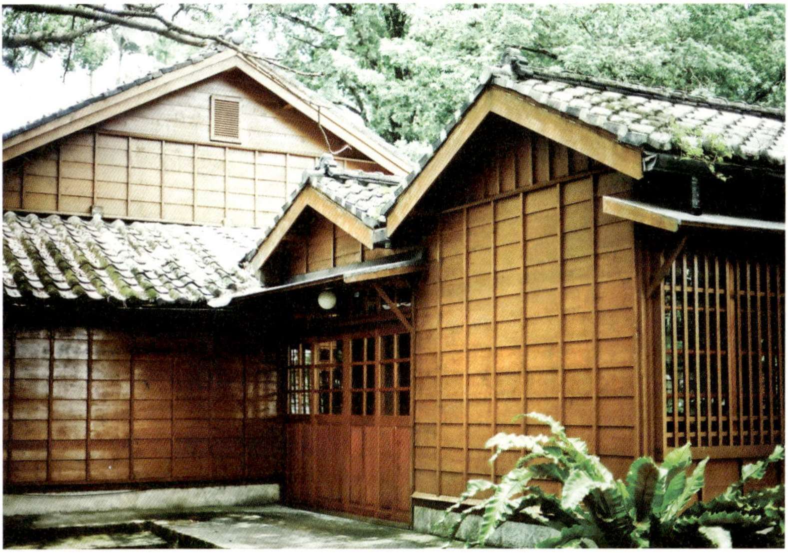

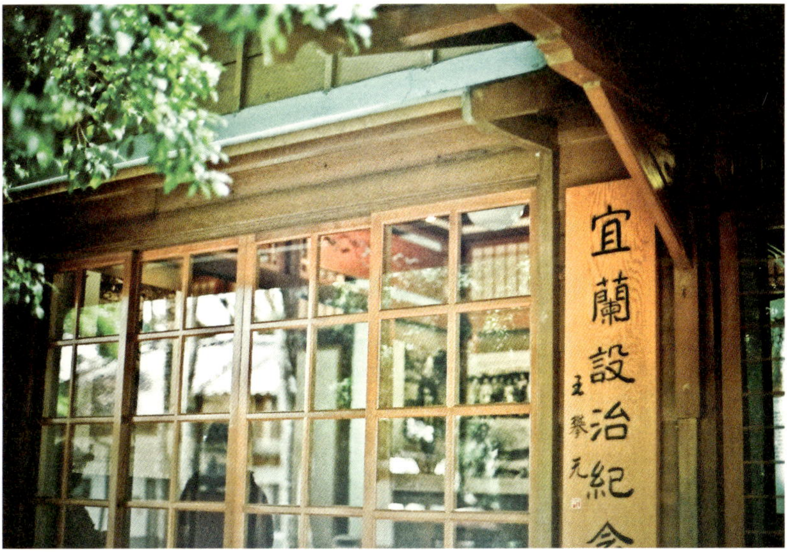
宜蘭設治紀
王攀元

..emico..

常常，路边的一块小空地就是当地居民的开心农场。

头城老街也保存着几栋老建筑，俭朴的日式风格，一副春联便能改变老屋韵味。

白墙、绿意与一扇窗,极简,有时就是最美。

光影错动之间,博物馆内呈现出动人的几何美学。

:: emico ::

以木头打造了各种人偶，逗趣生动的表情与肢体表现，真的会让人忍不住多按几次快门。

罗东林场中的木屑荫道，还有枯坐在那儿许久的木头人，林场中的风景乐趣无穷。

慢城洄澜

山海之间

慢城，SLOW

想起单人旅行来到花莲时，一骑上摩托车，习惯性地以在西部城市驰骋的快速步调前进，一时竟很难接受花莲市区街道上人与车的"慢慢来"。然而，在这个城市生活几天后，便会不自觉地爱上这样的"慢"，而且刻骨铭心一辈子。

关于花莲，有太多太多值得走访的景点，即便只是花莲市区，都有着许多令人惊艳的风景。

花莲

::emico::

喜欢大海,不同的天气有着不同的美妙。

岸边堆叠的石头、后方的白色浪花与湛蓝海水,或是从远方瞭望的辽阔海景,静静听海,潮声熨平了皱杂的心。

我最爱七星潭边遍布着的大小石头，可以供我肆无忌惮坐下来，不用担心等会儿起身会沾着一屁股的沙。我也最爱在海边看着一对对情人相依偎，目光一致望着眼前的宽阔。同时最爱在海边看着天真孩童追逐浪花，戏水嬉闹。更是最爱在海边看着一家大小骑着脚踏车，恣意地让海风轻拂脸庞。

浪潮往岸边推进，啪啦啪啦地温柔按摩着砾石子；浪潮往海里退去时，嘎啦嘎啦地带走了一些砾石子；潮来又潮去，总觉得涛声能随着我的心跳起伏波动，湛蓝的海水能澄净心中一切尘埃。在海边，一幕幕的风景，一点孤寂、一些欢乐、一些甜蜜，布满石子的七星潭，着实令我深深着迷。

林田山

　　我真的很喜欢林田山，也许是爱上那黑色石瓦片上厚厚的青苔，或是爱上笼罩这村落的静谧平和。

　　林田山林场开发于日本殖民统治时期，在伐木业兴盛的年代，此地曾经历过繁华、热闹的光景。然，随着时代的变迁，政府禁止伐木且历经一场祝融之灾后，原先的居民渐渐搬离了这里，徒留一排排以台湾桧木建造而成的日式住宅。非假日时，游客还不算多，且大多游客都集中在游客中心那一区，日式宿舍则人烟罕至，而我却爱极了那区的清幽。

:: emico ::

很喜欢观察局部的散步风景,局部的视野带来不同的感受。

比如褪色的木屋前两株盛开的花,比如长满青苔的屋瓦。

漫步于小径中，两旁尽是古色古香的日式宿舍，细心观察每一间房子的特色和庭院造景，少了人声喧哗，多了几分思幽之情。以绿色油漆为基调的木房，有些斑驳、有些腐朽；黑色的鱼鳞屋瓦上，些许残缺，叠着厚厚的青苔。走过了六七十年的岁月，房舍旧了，人也离开了，那繁荣的景象已不复见。门前的花草，虽然还卖力地往上伸展，灿笑着，却仍抵不过从橱柜缝隙中透视到的破碗、生锈的饼干盒、长满灰尘的弹珠汽水瓶还有布满屋檐的八卦蛛网隐含的萧条没落。几户人家前，应景地摆着圣诞树，又或是晒着萝卜干，在屋舍俨然、老旧静谧的巷道中，格外显眼。那或许是这里残存的一丁点生气，又或许是摩里沙卡居民不愿撤退，坚持捍卫的依稀记忆。

走过了日式住宅区，映入眼帘的是一大片广场，有着林业展示馆，展示着林田山工作站的历史；也有一家走过数十年历史现今仅存的"柑仔店"，贩卖着多少四五年级生的孩提记忆。林木扶疏中，拾阶而上，青苔爬满屋檐、树木、石阶，一条过去载运木材的铁道从左绵延至右，孩子们爬上爬下，游客则争相拍照。往上走，那老桧木房舍掺杂着浓醇的咖啡香，现在成了林田山咖啡馆。再往上走，是一座黑色的老吊钟，纪念着几年前的那一场无情大火，吞噬了康乐新村三十多幢的日式房舍，属于林田山的部分历史与回忆也通通化为灰烬。

::emico::

这些是尚未经过政府整修的原始房舍,总是比那新颖的仿日式房舍还要来得更加迷人。

站在日式平房前，一位婆婆坐在家门口摆着小摊子兜售酸梅汁、弹珠汽水等，三三两两的游客围绕在旁，我在一边看着婆婆和游客相谈甚欢。不知道为什么，那一幕风景竟令我动容。站在那儿，不想往前一步打扰，却也舍不得转身离去。过了半晌，沿着阶梯往下走，可以到达中山堂——居民过往的聚集会所，也是观赏电影的娱乐场所。中山堂空间宽敞，约莫有一个篮球场之大，全由桧木建造而成，但室内却看不见任何一根梁柱。中山堂里头还陈设着两部老式电影放映机，一排一排的长木椅已不再满座，但当年那人手一支冰棒、挤进这里以欢笑度过漫漫长夜、驱走山居孤寂中的中山堂，就像是散场的电影，余韵仍在这桧木房里飘荡着。

林田山，或许带点寂寞的气息吧！我想。但总该有些寂寞的价值，专属于此。有着"小九份"之称的林田山，日式韵味却比九份来得还要浓厚太多。人群往咖啡馆走去，我却反方向钻进老街道里。倚着木房的脚踏车，缓慢了时间的步伐；开得繁盛的九重葛，缤纷了成排的老木房；夹道中的狗儿，流露着孤独的眼光。生锈脱漆的铁椅，倾诉着岁月的衷曲；悬挂在树上的晴天娃娃，背负着人们渴望温暖的愿望。门外那双艳红的木屐，踏过摩里沙卡一整个世纪。

那一个下午，我穿梭在摩里沙卡，隐隐约约地，我似乎明白，"岁月"原来是这么一回事。

::emico::

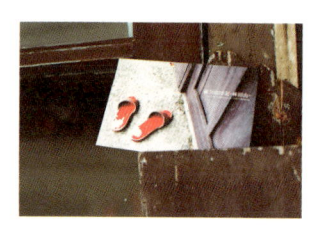

第一次来到林田山，拍下这木造房门前的红木屐，有趣的是，第二次再到林田山，这一双红木屐的排列角度竟然几乎雷同。

于是，我将照片打印成明信片，把它夹在信箱里，当作给老奶奶的礼物。

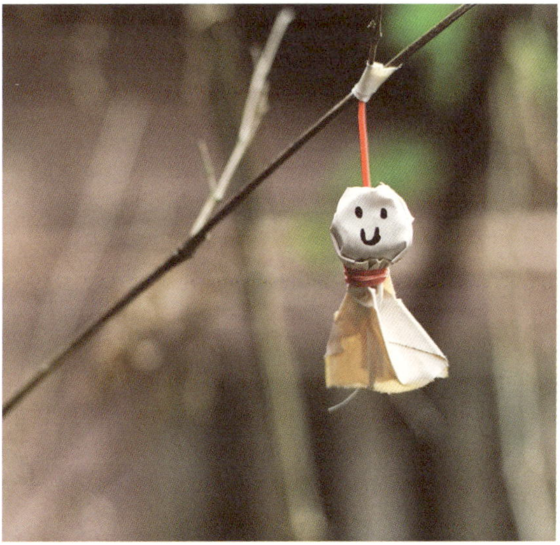

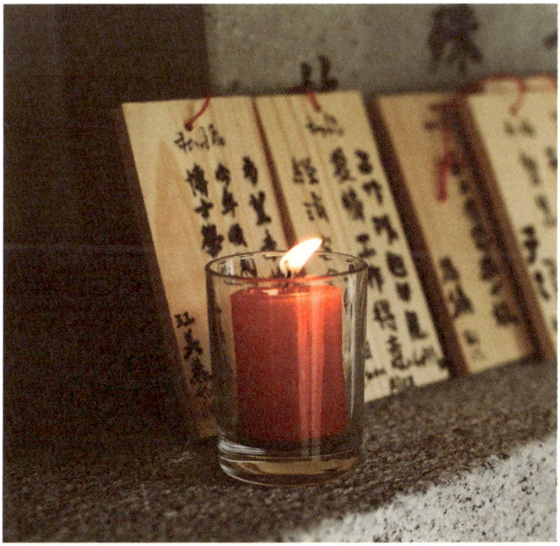

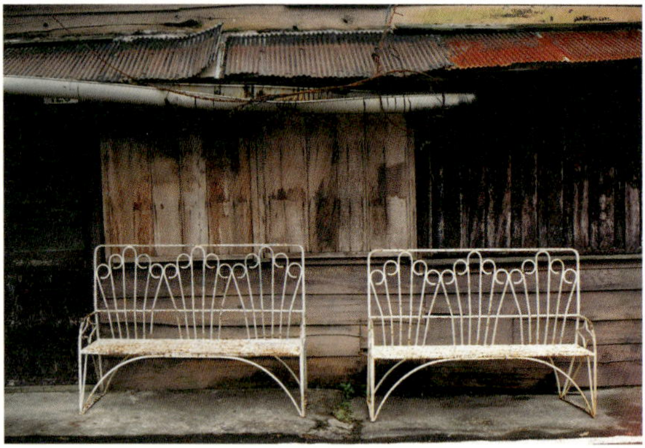

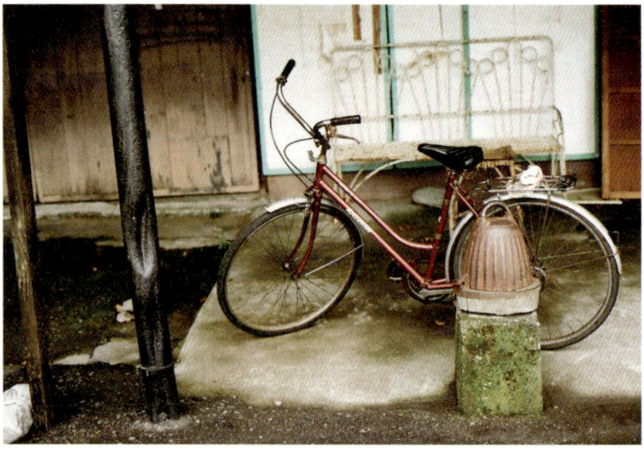

松园别馆

飘着细雨的冬日傍晚，松园别馆的游客已是三三两两，这里显得格外宁静安详。经过雨水滋润的青草地，满是盎然清新的绿意，好几棵苍劲的老松屹立不倒，像是一把把绿色大伞庇荫着此地。从松园别馆眺望远处，花莲港就在眼前，那无尽延伸的长堤、指引着船只方向的红色灯塔、一望无际的深邃大海，又或是一艘艘自远方归来的船只。

往别馆主建筑走去，发现正在进行一场摄影展"浮生梦游——诗人的摄影手札，陈克华摄影展"。多年前，在我身着白衣黑裙的青涩年代，曾对陈克华先生的诗作深深着迷。那一刻，当我再看见这个熟悉的名字，心头忍不住颤动了一下，跟随着他的诗句、影像，回到了那个成天嗑着诗集的时光。坐在教室里，自黑板前老师的叨絮抽离，沉浸在笔尖于横线笔记本上跳舞的曼妙滋味里，自以为；蹲在诚品书店现代诗书架旁，咀嚼着一本本不同作家、不同年代的诗文，偏离我生长年代的、超越我想象的抽象后现代，自以为。曾经，我是如此喜欢读诗，喜欢自己信手拈来的诗句，尽管当时的自以为，成了现在的不堪入目。好久好久不再如此沉迷于诗句里了，但想起了那个掺杂着酸甜与苦涩气味的岁月，我似乎看见了最初、最单纯、最不畏惧的自以为。曾经喜欢诗，现在喜欢摄影，然后在此，我有幸遇见诗人陈克华的摄影展。

::emico::

松园别馆的几栋建筑物，墙面爬满了藤蔓，像是在为它做件衣裳似的。屋瓦一层厚厚的青苔，还有落了满屋顶的松叶。

其实，松园别馆本身就是一首诗，一首可以反复诵读的诗。

松园别馆的整体空间不算大,但有其精致迷人之处。老式建筑的风味,不论是水泥或木造,都能融合得恰到好处。我独爱几间房子屋瓦上的青苔,还有爬了一墙的藤蔓,像是记载着松园几十载的青春岁月,倾诉着一个个属于松园的动人故事与传说。天色渐暗,屋内灯火一盏盏亮了,在有着些许凉意的傍晚,我爱那温暖的灯火,像是旅人的依归,陪伴着我嗅着这儿的每一寸文艺香气。天空仍滴滴答答下着雨,将这里衬托得更具幽古之情。我将相机调整成黑白模式,试图把眼前的彩色世界,用最单纯的黑白记录下来,依然像是过去那样的,自以为。

从踏进松园的那一刻,我便已爱上松园。喜欢这样一个能让我静心的艺文空间,丰富了我的视界,梳理了烦躁的心。平平静静地,沐浴着松果与诗文糅合的艺文气息。

的我们、岁数差很多的我们、素昧平生的我们，却因为正做着同样一件事——"环岛"，而在此有了交集。那一刻，温暖的热流流窜全身。

我就是这样喜欢花莲，常常在中央山脉的这一头，想念着另一端。想念台十一线上和海风一起驰骋的快感，想念台九线纵谷间的处处绿意。更重要的是，那里有着温暖的人情味，像是第二个家一样，随时张着双臂欢迎着我。

当时，节约街上的旧书铺子是诗人杨牧先生的故居，偶然看见一块有岁月吻痕的招牌，孤独地躲在小房间里。

喜欢木头椅子的纹路与质感，静静地在书店一隅等待，等待有人愿意依偎着它，沉浸在书香世界里。

花莲市区随意散步，包子店里的蒸笼层层叠叠，像高塔一般，氤氲的热气，散发着包子的扎实香味。

::emico::

废弃的木门成了装饰品，蓝色铁皮屋外浓浓原住民风格的信箱，艺术是无所不在，等我慢慢发现。

Chapter2

漫步·怀旧美学

那一条老街,散发着幽谷之情,
独白着它动人的生命故事;
那一个市场,不再只是青菜鱼腥味,
绽放着它浓郁的艺术气息;
那一些仓库和货柜,摇身一变,
变成了艺术家和市井小民的梦想发源地……
散步个几回,研读每一个不同的怀旧美学。

沪尾，静谧

淡水

　　来到淡水，沿途古迹是一定要去看看的。走在河畔，路过榕堤，看见了海防，绕到淡水阿忠哥的店铺逛逛，然后走到中正路口，从红毛城开始——拜访淡水古迹。

　　孩提时代，爸妈曾经带我来这里玩，当时不过就是随兴看看几幢红色建筑，周边环境规划也不若现今完善。长大后，再度来到这里，竟有一种"红毛城也跟着我一起成长"的错觉。历经三百多年的岁月，红毛城始终屹立不倒，荷兰人的建筑工艺着实令人佩服。另一边则是英法联军之后，英国向清廷租借红毛城作为领事馆之用而增建的领事官邸，维多利亚风格的建筑，以红砖、回廊和斜屋顶，打造出的细致温暖气氛，在军事建筑中别有一种轻柔。不知道是否因为正值中午烈日当空，此刻的红毛城园区游客不多，在树荫下乘凉歇息，享受老街以外的宁静，也算是一种小确幸吧！

　　走出红毛城，沿着真理街往上走，首先看到真理大学的大礼拜堂，位于这狭窄静巷中，显得更加宏伟壮观；巷子的另一边则是牧师楼、姑娘楼及马偕故居。大体而言，这里的建筑风格仍是以红色砖墙为主。真理大学外，有着几株吉野樱开得正盛，有着一片蔚蓝天空作为衬底，尽管只有少少几株，但灿烂绽放的花朵足以令我尽情拍摄。砖红色的牛津学堂搭配粉色樱花，挟带着周围的盈绿，淡水小巷弄里的春天，绝对值得驻足欣赏。

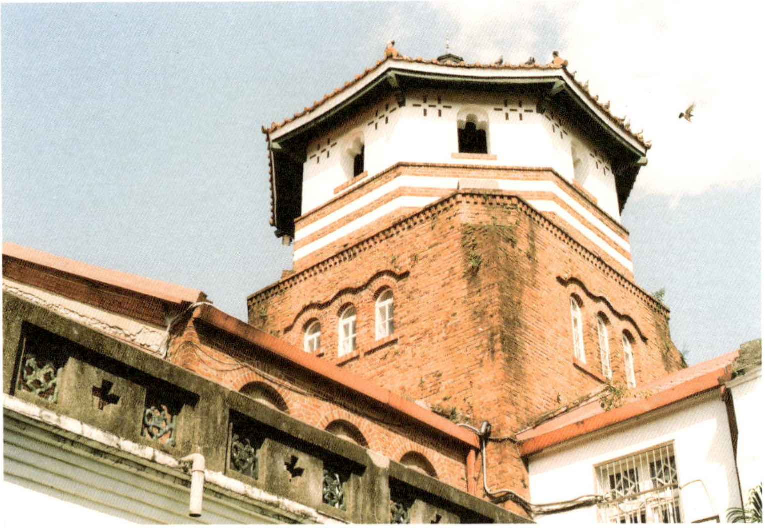

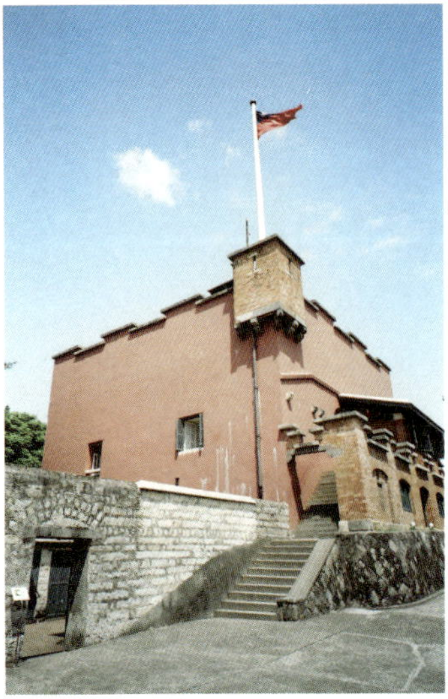

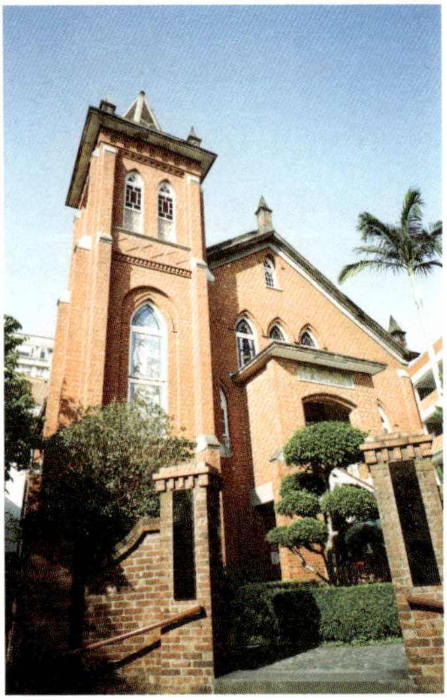

::emico::

粉嫩的吉野樱在枝头上笑得正灿烂，为牛津学堂增添些许春意。午后阳光毫不保留地绽放热情，一面白墙成了最美的图画。

牛津学堂位于真理大学校内,校园中能拥有这样优美的古迹,其实挺教人羡慕。由古迹延伸而出的小桥流水和成排树木,拿本书坐在阴凉之处阅读,沐浴着从叶间筛落而下的阳光,这样的浪漫是我从未在校园中体验过的。然而,牛津学堂平时不对外开放,因此始终没有机会一探学堂内的风景,甚是可惜。

离开牛津学堂,往左边走就是淡江中学校区,真理街的小径上,午后斜阳正好能在这片砖墙上作画,仔细观察两旁的砖墙风景,意外的惊喜,俯拾即是。进入淡江中学之后,左手边有马偕博士的生平介绍,再往校门口左侧进去,则会先看到淡水女学校。我很喜欢女学校的建筑,一样的砖红色,造型简朴却不失味道,砖拱回廊衬着绿釉花瓶栏杆,前面还有一大片绿草如茵,草地上则有着溜滑梯、荡秋千等游乐器材,这校园里的学生也太幸福了吧!再往淡江中学最里面走去,是淡中八角塔,三三两两的人群追随着电影《不能说的秘密》的主场景,前来这里回忆电影片段。一点都不怕人的鸽子一大群,有的栖在塔上,有的则悠哉地在草地上阔步。教室外的长廊,还留有斑驳的岁月痕迹,和空气里飘散的青春味儿搅在一起,这会不会是另一种美丽呢?

光影在墙壁上的错动，
像是正在作画的画家，
拿起光线作为画笔，
在墙上恣意挥洒。

短短的真理街，却具有这么多古迹，让人逛得很过瘾。往老街走的路上，经过了"小白宫"，沿途也还有一些日式老房，看地图上写的是淡水街长"多田荣吉"故居，不过似乎年久失修，拉起了封锁线，不得其门而入。走过了天桥，上了马偕街，可以找到淡水礼拜堂和沪尾偕医馆，黄昏的夕阳照耀着恣意伸展的树枝，白白的墙上，有着美丽的光影。抵达老街时，已是人声鼎沸，摩肩接踵的热闹光景，忽然很庆幸自己这一天下来，偷走了淡水的许多闲情和静谧。

即便已经在这条古迹路线上走过好几回，每一次来淡水，都还是会习惯来看看这些地方。也许不是古迹的建筑带给我的惊叹，而是在这样的散步中找回慢一点的生活步调，然后，心满意足地告别淡水小镇，坐上捷运，回家。

::emico::

淡水河岸边，卖着冰淇淋的外国人、现场写生的画家，以及各种特色小吃摊位，我喜欢在散步的时候，看着奋力工作的他们，还有那群脸上堆满笑容的人们。

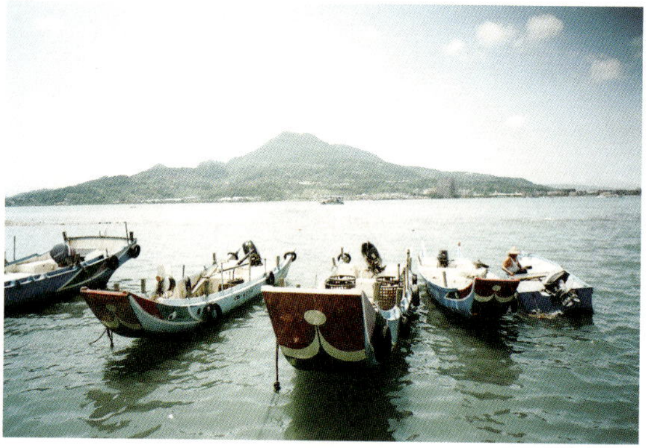

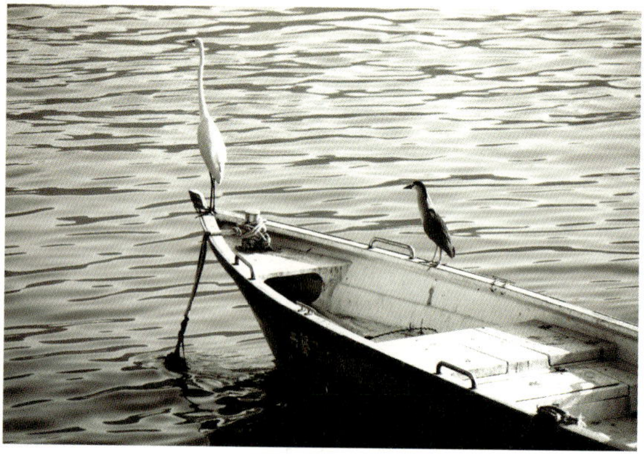

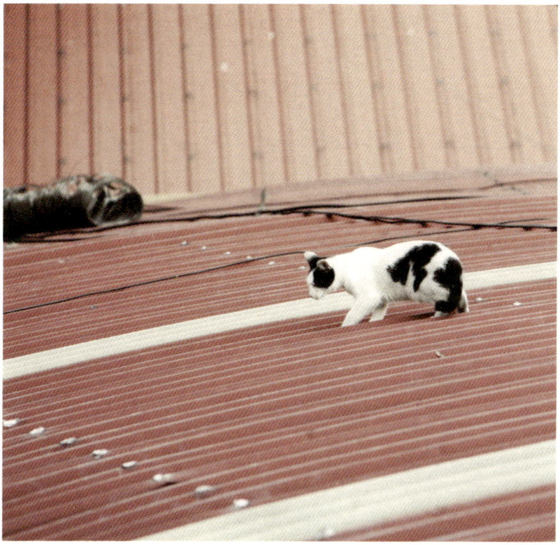

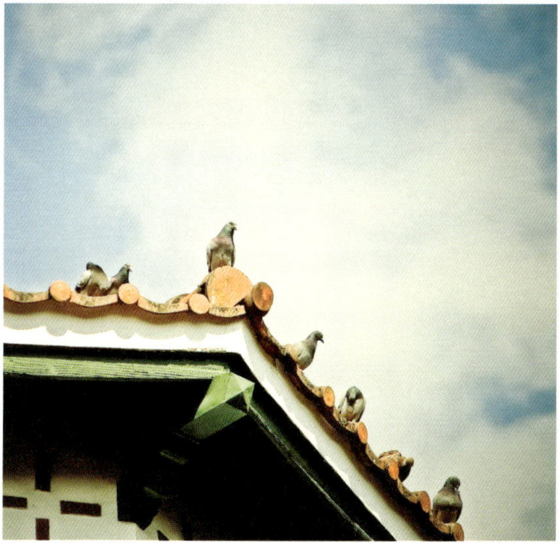

温泉与书香，氤氲

北投

风和日丽，我们来到了北投，不是来泡温泉的，只是想散散步而已。

从台北车站转搭捷运抵达新北投站，一步出站外，即可轻松到达北投公园。花木扶疏、鸟啭清脆、微风轻拂，还有两人手牵着手的好心情。此行目标是知名的绿建筑"北投图书馆"和日式建筑"温泉博物馆"，当然也不能忘了祭拜五脏庙，走进料多又实在的"满来拉面"大啖一顿。

北投图书馆藏身在北投公园里，不同于传统的图书馆，舍去了钢筋水泥的冰冷外表，取而代之的是和大自然融成一景的船形木屋，似乎更吸引着大小孩子走进图书馆，徜徉在浩瀚书海之中。步入图书馆之后，明亮的自然采光、温柔的木系质感、通风的阅读空间，以绿建筑工法与环境美学打造而成的图书馆，如咖啡店般精致，令人流连忘返。往儿童阅读区走去，挑高的设计、大片的落地窗、白色的矮书柜，让整体空间显得更加宽敞。早上十点多，图书馆就已经很热闹了，爸爸妈妈带着孩子来阅读，小学生们相约来这里写寒假作业。可以选择坐在书柜之间的座位摄取书本的香气，也可以选个窗边的位子坐下来接受阳光洗礼，更可以待在户外的阅读平台边读书边欣赏蓊郁景致。被绿意包围着的图书馆，像是一颗森林里的绿宝石，值得珍藏。

:: emico ::

阳光从透明窗子照进来,形成了美丽的光影,也温暖了馆间。读书读得累了,不妨坐在阳台边,听听宛转的鸟鸣,看看盈绿的树林。

::emico::

在绿意的簇拥下，北投图书馆似乎已和大自然融为一体，像是童话世界中林间木屋，装载着琳琅满目的想象。

沿着温泉路再往上走，一边的小溪飘来了温泉的气味，常年的热气氤氲，仿佛这里真有一股不可言喻的灵气。如果不赶着离开，不妨考虑找个溪畔空位坐下来，光着脚丫感受溪水的热度，让流动的温泉水按摩双脚，褪去一身疲惫。而三级古迹"北投温泉博物馆"曾是东亚最大的公共浴场，斑驳的墙壁、宽敞的空间、华丽的镶嵌玻璃、台湾闽南语老歌的音符缭绕，仿佛带着人们走进时光隧道。沿途，还有许多日式的老温泉旅馆和寺院，散发着古朴风情。约莫中午，我们往上走到了"满来拉面"，又旧又小的店面外，此时已是大排长龙。等了二十分钟后，终于轮到我们用餐了。当什锦海鲜拉面一端上桌，大大的碗公里盛着满满的海鲜好料，清甜的汤头配着拉面，呼噜呼噜地让人一口接一口，也难怪在这平常日的中午，这里还能有如此的好生意。

一个上午的温泉乡散步，轻松又自在，确实是度过闲暇时光的好去处。

:: emico ::

保留完好的方形壁砖与地砖，已看得出岁月的痕迹，仿佛还闻得出硫黄的气味；展馆中展示了许多北投温泉的文物，值得走访一趟。

竹塹古城，漫游

新竹

从呱呱坠地的那一刻起，二十多年来，我早已习惯了这个城市的生活节奏，不若台北的疾行，也没有南方那般的慢步调；没有二十四小时不打烊的喧嚣，也没有过分的乏然无味，仿佛就是介于这两者间的中间地带，一切都"刚刚好"。说到底，新竹是我的家乡，我可以想尽所有的借口让你知道我对它的情感，也可以毫无理由地喜欢它。但是，认真地探访这座城市的古迹，抚摸岁月的皱痕，那已经是长大后开始拿起单反相机时的事了。

城隍庙、北门老街一带的闹区，是众多观光客造访的胜地。在交通便利性的考量之下，如果喜欢，不妨就从充满巴洛克风格的新竹火车站开始，慢慢走起，经由东门城往城隍庙方向出发。但别只顾着眼前的美食，记得要往北门老街的方向走去，经过俗称外妈祖的长和宫，直到郑氏家庙，这条街仍有些许早期的老街建筑值得欣赏。

若喜欢比较原汁原味的老街，新竹县的湖口老街应该是首选，相较于全台多条老街来看，湖口老街没有大溪老街那种华丽的巴洛克风格，没有三峡老街假日拥挤的人潮，也没有九份老街那种过度商业化的气息。若要认真地说，这条老街的整体规划或是经营模式，当然还是有不少缺点，但对于我这种喜爱老旧事物的人来说，湖口老街还能保有些许纯朴的气息，没有建筑遭到过度破坏，实属万幸。即便是假日的人潮较平时多了一些，也都还能惬意自在地散步。

湖口老街旧称"大窝口"，百年前这里有了"大湖口火车站房"，每天都有六班车往来于基隆与新竹之间，许多货物、行旅的往来运送汇集于这周边区域，带动湖口的商业发展。不过，湖口老街腹地不大，街道也不长，居民们大多做的是小本生意。如今，湖口的商业发展早已转移到了新湖口，这里的居民不是早已搬迁，不然就是纯住宅，少有再继续做生意的了。以老街建筑来说，这是属于日本殖民统治时期的"大正式店面街建筑"，现在牌楼立面保留得还算完整，砖红色的墙，镶着闽式的堂号浮雕、欧式的雕花，成排的整齐建筑，在蓝天的衬托、阳光的照射下，显得颇有气势。

:: emico ::

旧时代的缝纫桌,褪色的大红纸以毛笔潇洒地写着「面铺」两个字,在斜阳中释放了点点滴滴古早味的亲切温暖。

老街上总有些怀旧的器具、食物,成串排列的糖葫芦里,以鱼眼映照着老街建筑。

说完了老街，其实我更想推荐日式老房子。虽然若以散步的方式行进，恐怕难以轻松愉快地把它串连在一起。但，它们仍是值得我花一个下午的时间，以散步的心情细细品尝的怀旧味。新竹玻璃工艺馆旁丽池湖畔中，几座日式老建筑当年是作为日本人的高级社交场所，称作湖畔料亭。尔后，又改建为空军十一村，直至眷村改建，政府才又重新整修成当年的日式庭院风貌。我特别喜欢在春天的午后造访这里，湖畔盛开的樱花、茶花与杜鹃花，点点粉红衬托出建筑的和风味。往东门城的方向行走，热闹的东门街上隐藏着一栋日式宿舍，这是新竹高中辛志平校长的故居，腹地不大，却仍不失其静谧优雅，简朴的风格与辛校长的为人极为一致，目前也成了艺文展演与人文讲座的场所，当地人接受文化熏陶的绝佳空间。

　　因为习惯了《九降风》的气味，习惯了城市中固定行走的路线，于是，也常常忽略城市里许多的小惊喜。有时候，最美的风景其实就在眼前——你我最熟悉的，家乡。

:: emico ::

湖畔料亭日式建筑（上图）美轮美奂，相较之下，辛志平校长故居（左图）就显得朴实不少。

emico:

50厘米的镜头焦距,提供了另一种不一样的视角。

老房子从窗子里透出昏黄的灯光,我喜欢这样的古意。

豆之味豆腐坊

:: emico ::

老茶行两层楼的红楼建筑,在市区巷弄中静静伫立着,停下脚步仔细端详,咀嚼着婀娜的岁月风韵。

阳光下,窗棂间的倒影与一张招财进宝红联,还有散步中的我。

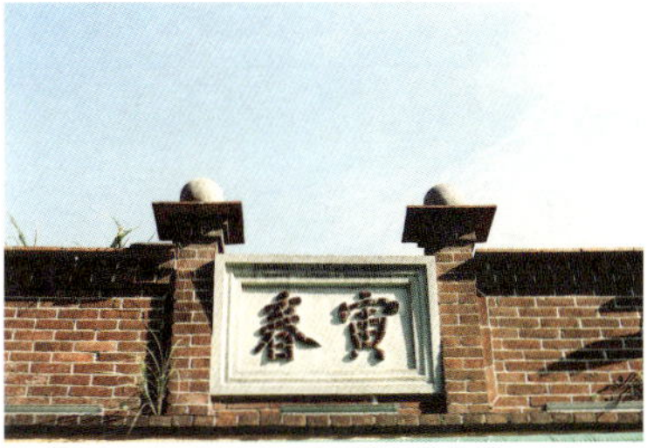
實春

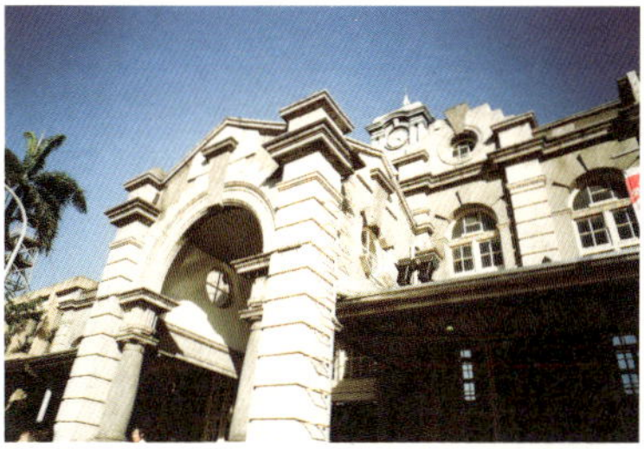

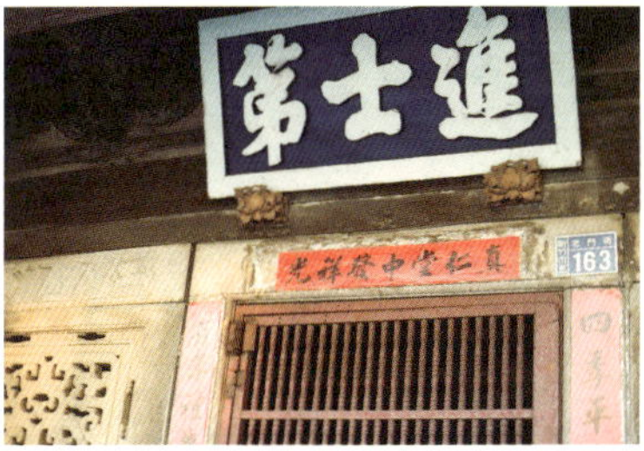
進士第
163

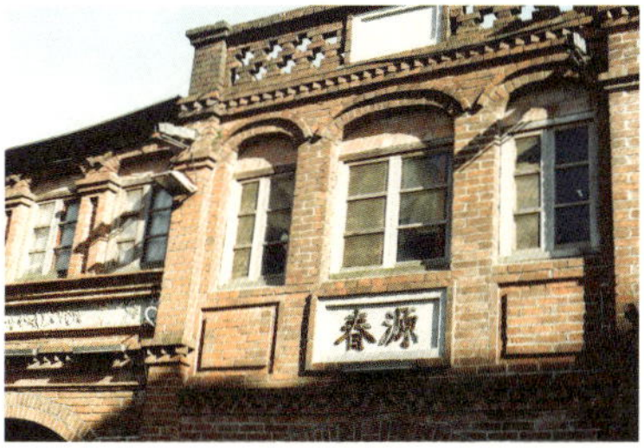
源春

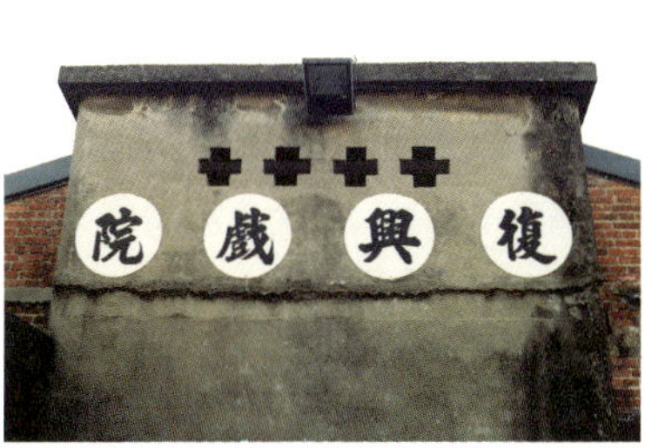
復興戲院

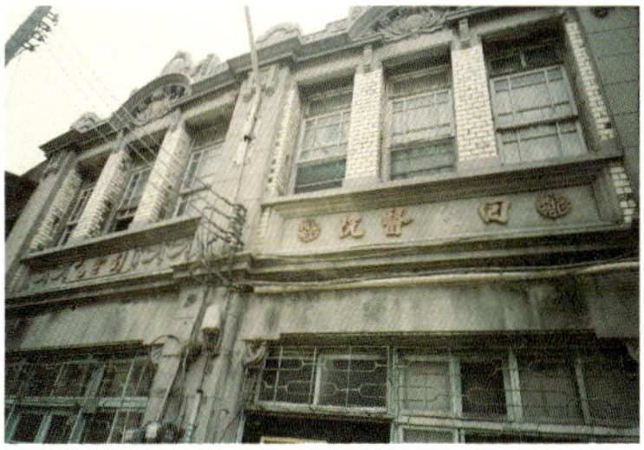

鹿港，这个小小的移民社会，在涌入大量不同的族群后，大家也带来了各自的宗教信仰。走在路上，三五步便能看见大大小小不同的庙宇。香火鼎盛的天后宫，无时无刻都有来自各地的信徒前来祈求祝祷，袅袅白烟，清香氤氲了整座庙宇。列为一级古迹的龙山寺，处处古色古香，雕工精湛的梁柱，结构精细的八角藻井，呈现出精彩绝伦的工艺之美。当地达官显贵或文人雅士的住所四处林立。鹿港民俗文物馆，原是鹿港知名的辜家宅邸，欧式风格的洋楼建筑，富丽堂皇，馆内陈列的丰富文物更带领着旅人走进鹿港的历史长廊。邻近的丁家大宅，是鹿港仅存最完整的清代进士宅第，大宅格局采"三坎五落两过水"，展现了书香世家的尊贵气派，虽然厅堂格局仍维持得完整，可惜经过一番整修后，漆色显得过于饱和亮丽，似乎少了一点古味。埔头、瑶林、大有街上的闽式长条街屋，高低错落，在古早时代大多为贸易商行，车水马龙的景象可见一斑。

::emico::

「半边井」虽已干涸，但邻里间互相关怀照顾的良善之心，仍可轻易地被看见。

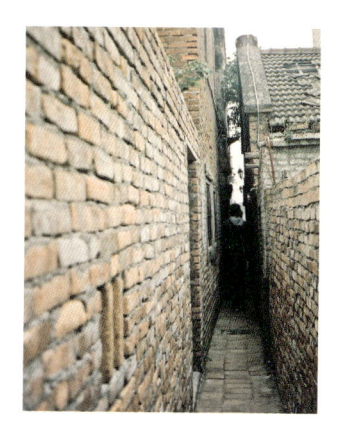

狭长的「君子巷」，是鹿港当地颇负盛名的观光景点，挑战身材的极限，不妨亲自一走，感受一下啰！

巷弄人家正在空地上或家门前晒香与乌鱼子，遇见这难得的传统风景，不妨蹲下身来拍摄，将有别于俯瞰的风景。

:: emico ::

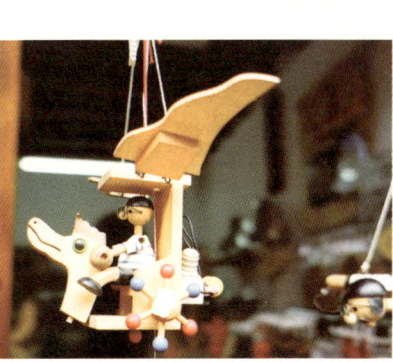

鹿港大街上，有许多卖着童玩的商店，还有国宝级的灯笼彩绘大师，那一串串各式各样的灯笼，气势磅礴又不失可爱。而卖着传统小吃的小贩们，也营造出了浓浓的古早味。

虽然鹿港随着港口功能的衰退而逐渐没落，但在进驻了民俗艺品店、文史工作室、怀旧茶馆之后，鹿港小镇的古街风华，似乎又重新兴盛了起来。我尤其喜欢欣赏巷弄里家家户户的"门与窗"，古朴的木门、精致的花窗、斑驳的砖墙与诗意盎然的红色对联，风情万种，煞是好看。九曲巷里，弯曲转折间，发现了一座红砖与绿琉璃搭成的天桥，横跨在两侧的楼房，原来那正是古代文人墨客的聚集之地"十宜楼"，想象他们穿着长袍马褂，站在高处弹琴、吟诗、饮酒、赏月，顿时，一股浪漫之情油然而生。

门前晒着太阳的乌鱼子，正吸收着阳光的精华，一片片的橙黄，等待着风干。滚烫的热水注入那褐色的面茶粉中，面茶的香气四处飘溢，蹿进了旅人的嗅觉，也温暖了旅人的心。在鹿港小镇的曲折巷弄里，我一个人背着相机，顺着自己的节奏，带着缓慢的灵魂，享受一个人旅行的美好。

:emico:

丁家大宅中摆放的花轿,上头的龙凤装饰相当华丽,对应到门上的影子,非常有趣。

:: emico ::

斑驳的红砖墙，绿意恣意攀爬或是高高悬挂；古朴的木门，几只可爱的街猫，巷弄里的每个转弯处，都是一个惊喜。

「枯恶不过隘门」,仍保留着的隘门,在过去是械斗界限;而九曲巷里的十宜楼,还残存着一座『跑马廊』让世人们想象。

纯朴·农家，无米乐

台南 菁寮

走过这个朴实的庄脚,才发现这块土地上的浓醇人情味,才是台湾最珍贵的资产。如果可以,不妨也来这里散散步吧!

过年期间,无论往哪儿去,举目所及皆为满满的人潮与长长的车阵。原本刻意提早在天未亮时驾车出发,却意外地趁着停车稍作歇息的机会,走进了这个小村落——菁寮乡。南方的冬天早晨,和煦的阳光尽责地露了脸,街上往来的车辆不多,但阿公阿嬷们早已在街坊穿梭。

于是,我们先拜访了菁寮小学,这一个具有将近百年历史的小学,还保有几栋老建筑,木造的礼堂、办公厅及升旗台,蓝与白的配色别有一番味道,也唤起了父亲的童年记忆。或许是因为自己也从事教职工作的缘故,凡是在旅途中遇见的小学校园,总会忍不住进去看看,特别是这种独特的迷你小学。校园中的石制长颈鹿、老虎和斑马,勾起了童年回忆,遥想起那个绑着辫子的女孩,在它们身上爬上爬下、追逐嬉戏。多年以后,它们渐渐地消失在校园里,但那些有着它们相伴的小学时光,却安然地躲在我记忆深处。

::emico::

菁寮小学保留了木造的旧校舍，除了从正面观看之外，看看屋子的侧身，或许也能发现特别之处。

菁寮小学的斜对面是一座具有五十年历史的教堂"后菁寮圣十字架堂",特殊的外观与内部设计出自于曾荣获建筑最高荣誉"普立兹奖"的德国建筑设计师哥特佛莱德·波姆(Gottfried Bohm)之手。那天,正好遇到了教堂礼拜,修女很亲切地与我们打招呼,并表明等会儿因为做礼拜而无法好好招待我们的歉意,欢迎我们自行随意逛逛。教堂不算豪华,但清水混凝土则带出了整座教堂的质朴简洁。教堂的每一个屋顶也都有不同的装饰物,分别是十字架、皇冠、鸽子和公鸡,各有含意。至于教堂内部的装饰物及摆设,则因为当时正在做礼拜,不好意思靠近打扰,不然也很值得一探究竟。

离开教堂，我们便往墨林村的市集走去。走着走着，看见一家贩卖种子杂谷的商行，其中匾额上"总冠军"三个大大的字吸引了我目光，往店里一瞧，一位老伯走了出来，笑容可掬地向我们问好。"啊！这不就是《无米乐》的昆滨伯吗？"昆滨伯的好客与亲切，让我们在那里待了十来分钟，和他聊聊，听他诉说着对稻米的浓厚感情。一走出门，一位杂货店的阿嬷也和我们打招呼，聊起天来，甚至等我们要离开的时候，还跑来我们车子旁告诉我们怎么去台南市区最快。墨林村民的平易近人及热情，真的很容易感动我们这些都市人哪！

父亲说，出来玩应该就是要像这样子走入地方的文化，和当地人交流，没有过度开发的繁华热闹，却有打从心底最感动的真诚交流。这句话，我从小听到大，谨记在心。现在的后壁、菁寮、墨林村仍保有这样的朴实，衷心希望它不会变质，而当我们走进这样的社区时，也别忘了和村里的人打个招呼，人与人之间的热情，应该就是如此传递开来的吧！

:: emico ::

后菁寮圣十架堂如金字塔般的特殊外观，就连教堂里的陈设也很不一样。

纯朴的乡村,干净的社区与热情的昆滨伯。

《无米乐》昆滨伯的家中,除了大大小小的奖牌、匾额之外,也有许多传统的农具。

emico

菁寮老街上，居民们利用大红花布和条纹菜篮，营造传统的乡土氛围。

猫，踪迹，胭脂巷

台南安平

还记得十来年前在南部念大学的时候,拜访台南的各式古迹简直是家常便饭,一行人几辆摩托车驰骋在台南的公路上,那是再疯狂不过的青春。我喜欢安平,但对我来说,安平的迷人之处并不是那些炮台古堡,而是民宅间弯弯曲曲的巷弄,偶尔出现在眼前的小风景。斑驳的红砖墙,攀着墙面的藤蔓绿意,远离了拥挤老街的静谧巷弄,这样的感觉,不是挺好的吗?

在安平,就有这么一条小巷,号称"胭脂巷",傍晚四五点,夹道的胭脂花像刚苏醒一般,张大了花朵,准备迎接每个美好的夜晚。女建筑师回到了家乡,租下了巷弄中的一间老平房,把这里当作工作室,用心种植各种花草,直到我们眼前所见,已是一片绿意盎然。那天,工作室的蓝色大门深锁,外头的一张老桌子,摆满了各种用陶土做的小容器,叫作"花之丸"。工作室附近的砖墙则贴着各种春联,以中英文字创造出趣味的词语,令人看了不禁莞尔。

同行旅伴突然喊了一句:"老板来了!"

"在哪?我怎么没看见?"我东张西望,环绕四处,一个人影也没有啊!

"就在那里啊!"他指着几只慢条斯理、迎面走来的猫咪。

"啊!对哦!这个工作室叫作'花猫在顾店',花猫才是老板嘛!"这会儿,我才恍然大悟。

怪不得,工作室的主人会这样留着字条,因为她常常不在家,平时就只有花和猫留守,就干脆取名"花猫在顾店"。但,我相信名字的背后有着更深层的意义,是要让我们了解胭脂巷里,真正的主人是这些在此地传承数代的猫咪们,走进巷子里,就必须懂得尊重猫咪、爱护猫咪。我们也只是轻巧地靠近,在围墙边静静地观察它们,因为这里的猫咪大多还是怕生,尤其是面对突然闯入的游客大声喧哗或是追跑,它们可是会仓皇地逃回民宅里的。

认真说来,其实我并不是重度爱猫人士,但是看着眼前这些猫咪悠哉自在的可爱模样,轻巧优雅地跳跃于矮墙、屋顶之间,时间不知不觉慢了起来,任谁也会忍不住在胭脂巷里与猫咪们玩起游戏来吧!

∷emico∷

许多精心的布置出自于女主人的手,利用陶器与各种植物做成一串串的盆栽,在一片红砖墙前的鲜绿,不管从哪个角度观看都觉得美极了!

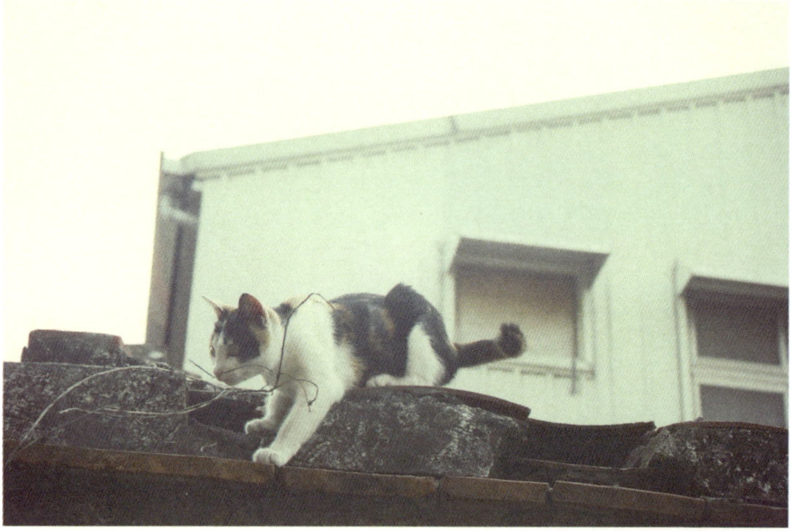

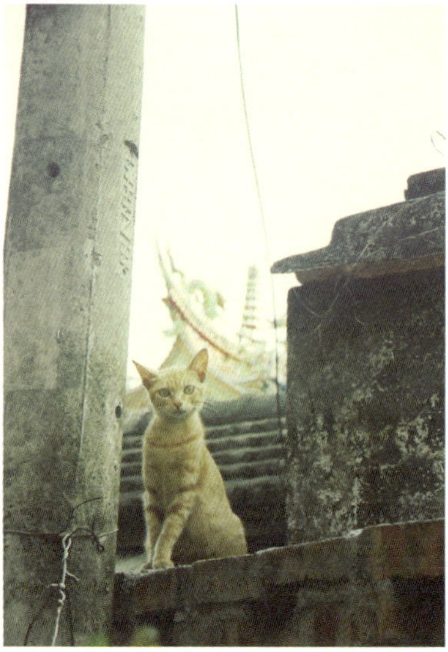

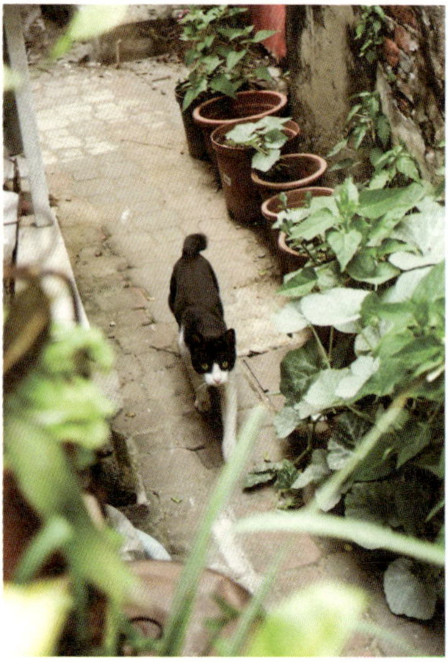

::emico::

小纸条上的文字,以及女主人四处张贴的数字四句联,搭配老旧的窗户、砖墙与溢出来的绿意。

矮墙上与屋檐上的猫咪,成了旅人追逐的焦点。

仓库·货柜，生活美

高雄 驳二

飞向南方,总是能找到自由奔放的湛蓝和象征着南方的热情。尽管,太阳底下的旅人挥汗如雨,但映入眼帘的景象总让人惊喜。

儿时记忆里的高雄,是全家人在凛冽寒冬避寒的好去处,但重工业的黑烟、庞然大物般的货柜砂石车,也是另类的高雄印象。十多年后,再访高雄,才赫然发现这个城市的蜕变与焕然一新。以"光"为主轴的城市,融入海洋意象,文化与艺术的气息浓厚不少,除了政府的政策推动之外,或许还要归功于一群对于城市文化扎根不遗余力的有心人士。2009年底,我正式成为高雄的媳妇,"驳二艺术特区"理所当然地成了每次回高雄必去的散步路线。

"驳二艺术特区"位于高雄港边,原为一般的港口仓库,与海洋比邻共生的开放空间，现已成为许多艺术家实现梦想的实验场域。我总爱去碰碰运气，看看仓库里有什么展览，或者能不能恰巧遇上创意手作人的市集，就算以上这些都没有，在驳二仓库间、自行车道两旁穿梭，向左向右，抬头一看，处处都有许多令人意想不到的惊喜。看看自行车道旁的邻家墙壁彩绘，仿佛看见了辛劳的工人们正上上下下地努力工作着；邻近的大五金艺术造街，将货柜、铸铁五金这些生硬的风景，透过艺术家的巧手，转变成一个个创意装置艺术；一个个大型公仔，各式各样的公仔人物彩绘，呈现这个城市多元的角色样貌；地面上、墙壁上，有着令人惊奇的3D幻视艺术，大人小孩们以不同的视角与各种动作和它产生互动；斑驳的墙面，有着年轻人的疯狂涂鸦，散发着青春的气味，使得港都也增添了不少文化艺术气息。C4仓库的劳工博物馆，以"劳动"概念为核心，藉由展场中的文物影像及互动实验，记录台湾产业变迁与劳动历程，不时地举办劳动特展，走进这里，可以看见过去、现在与未来台湾劳力付出的样貌。走累了，咸咸的海风吹拂着发丝，一杯热咖啡握在手心，远望港边的船只，发呆个半晌，也是毕生难忘的美妙时刻。

我想，这是美好城市的象征吧！在假日的午后，悠闲地骑着自行车在港边铁道上，或者慢慢地在各个仓库间寻宝，欣赏最平易近人的生活美学，累积一星期的尘埃，也会随着迎面而来的海风而云淡风轻！

:: emico ::

沿着自行车道,与旧铁道平行,以八五大楼为前进的目标,沿途悠哉地欣赏港边风景。

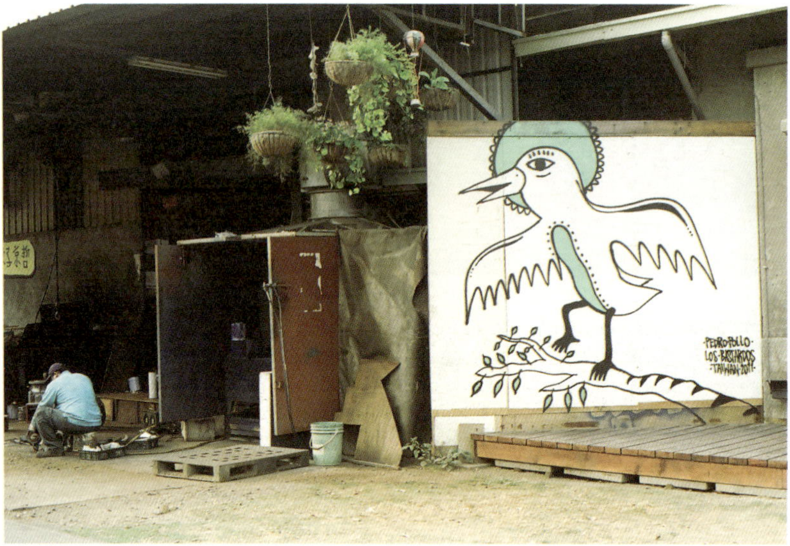
PEDRO POLLO
LOS BASTARDOS
TAIWAN 2011

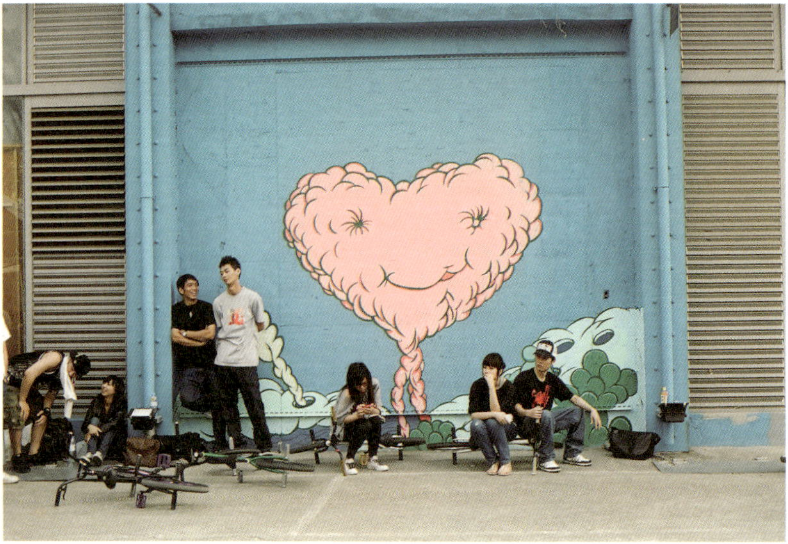

::emico::

楼房、工厂和仓库前的彩绘,是驳二艺术特区令人惊喜的风景。

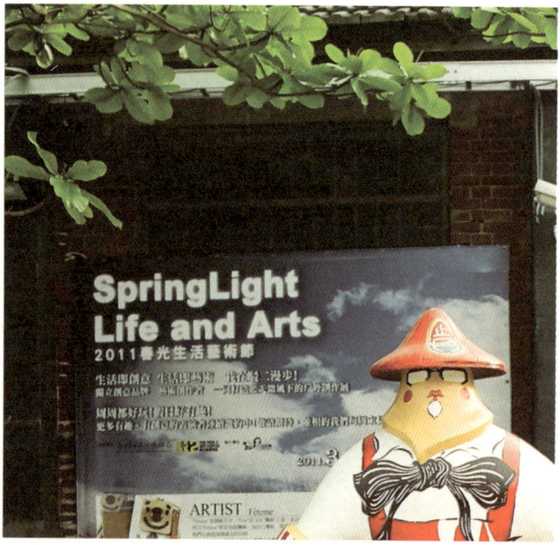
SpringLight
Life and Arts
2011春光生活藝術節
ARTIST

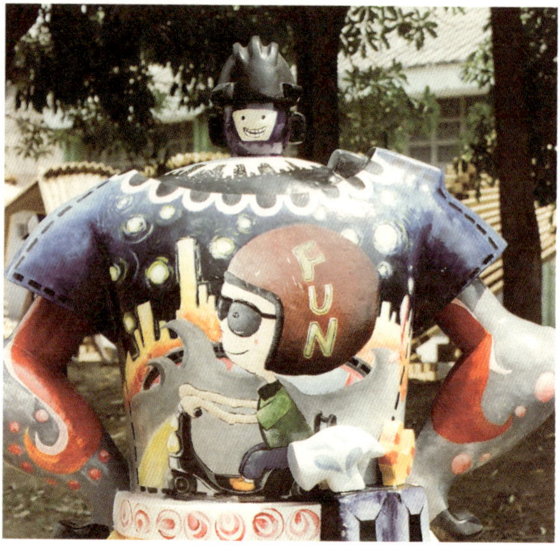
FUN

:: emico ::

可爱的大型公仔，穿着华丽的衣裳，艺术创作者也逗趣地融入了各种不同的角色，让人看了会心一笑。

:: emico ::

阿伯的手调咖啡，注入了热水，也添加了一颗真诚的心作为香料。专注作画的艺术家——图龙，正认真创作着3D地景艺术。

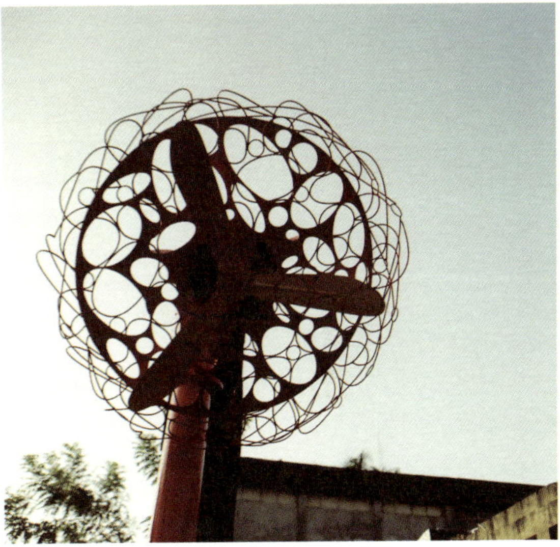

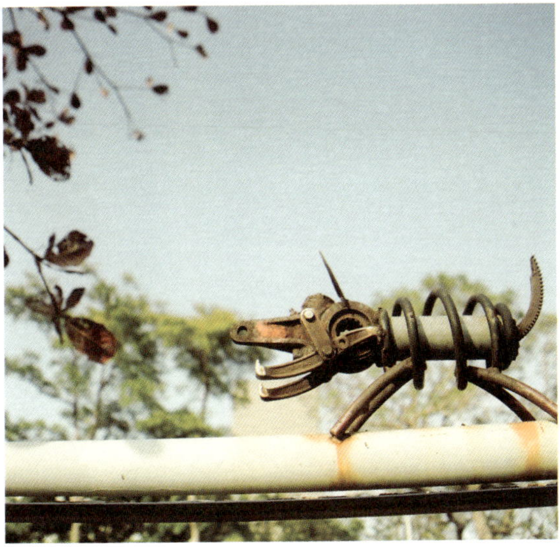

人文市场，芬芳

台中

忠信文创聚场

在你的印象中，传统市场是什么模样呢？菜贩的叫卖声、鱼贩的磨刀霍霍、湿漉漉的地板，夹杂各种气味的空气在人群之间飘散，总是装着暖暖人情味的热闹荣景，那是我对传统市场的印象，停留在小时候陪妈妈逛市场的记忆里。

随着时间的巨轮转动，长大以后，越来越多传统市场的风景逐渐消失，有的变得更现代化了，设有冷气、手扶梯，空气不再弥漫着复杂的气味；有的却渐渐成为繁华城市中失落的一角，破旧、阴暗，鲜少有人走过。八十年代以后的忠信市场，就是历经了兴盛与衰落，存在于城市的缝隙中，经过数十回，可能都没人注意到它一眼。

那一天的午后，阳光普照，我骑着机车在台湾美术馆附近绕呀绕，按图索骥，明明地图上的地址和我眼前的民宅门牌已经吻合了，却似乎怎么找也找不到市场的入口。隐藏于老旧民宅中的暗巷，大多民宅都是铁门深锁，只有几户人家外头聚集着老人们，很难相信这条巷子里，存在着好几个艺文空间。老旧市场与艺术文化的反差，制造了冲突的美学，令人印象深刻。

一家家的小店，小雨的儿子、黑白切、自己的房间、Z 书房、CameZa 写真庶务所等，在老旧市场的空间氛围里，透过展览与当地的市场居民展开文化美学的对话，也让越来越多人尝试走进这狭小阴暗的巷弄。尽管空气中偶尔传来阿嬷叨念孙子的声音，还有糅合着公厕异味与某户人家饭菜香的气味，但，曾经失落的一角，或许也能绽放微弱的光芒。

　　有一家以摄影、相机为主题概念的店，它叫做"CameZa"。整面的落地窗，昏黄的灯光，一楼陈设着各式各样的传统相机、相机刻章，还有日系的摄影杂志，是值得相机迷留恋的地方。沿着陡峭狭窄的木梯走上二楼，可以看到一个小小的展览空间，那次正好是"小小摄影展"。在这里，不一定是摄影大师才能办展览，喜爱摄影的素人也能获得将作品与大家分享的机会。很喜欢这样的展览空间，总让我想起了在日本自由之丘遇到的相机杂货店"Popeye Camera"，瞬间凝结的空气感，自然而然地，把摄影融入平凡生活中。

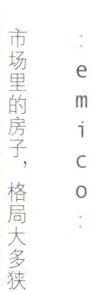

:: emico ::

市场里的房子,格局大多狭窄,楼梯也格外陡峭,但艺术工作者善加利用空间,木马、相框都可以成为最佳主角。

在 CameZa 逗留了一阵子，离开的时候，刚好遇到了老板阿德，阿德对我脖子上的相机背带很有兴趣，再看看我手上拿着底片相机，基于都是底片机同好，于是简单聊了一下。阿德说，他从中学就开始接触传统相机，后来才又踏入数码单反的世界，但，走过一遭，发现其实还是最忘不了银盐味。而我，先玩了数码单反，才又因为 vivitar 而开始迷恋底片所散发出的特殊氛围。事实上，我认为究竟是玩数码或拍底片都不是重点，而是，如何去诠释"摄影"这件事与自己的关系。即便是在几乎人手一台相机的年代，还是可以感觉到大多数人钻研技巧、器材，却忽略了深刻的感受与思考。

CameZa 凭借着一股对摄影的热情，打造独一无二的摄影展览空间。如同忠信市场里的其他艺术工作者，以想要传递生活美学理念的初衷，在老旧的空间里，默默地存在着。如果有一天，你也到访台中，或许可以尝试着走进忠信文创聚场，看看展览，和这些艺术工作者聊聊天、交流想法，给予他们支持与肯定，将会是让他们在艺术工作之路继续坚持与前进的最佳动力。

emico：

这里是一个影像空间，一楼有许多老板的相机珍藏，二楼则作为影像交流的空间，市场的风貌原来也可以洋溢着艺文气息。

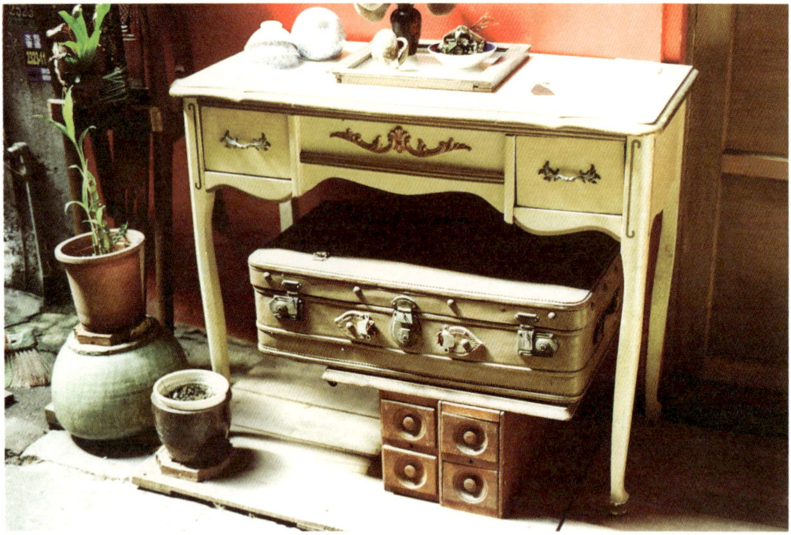

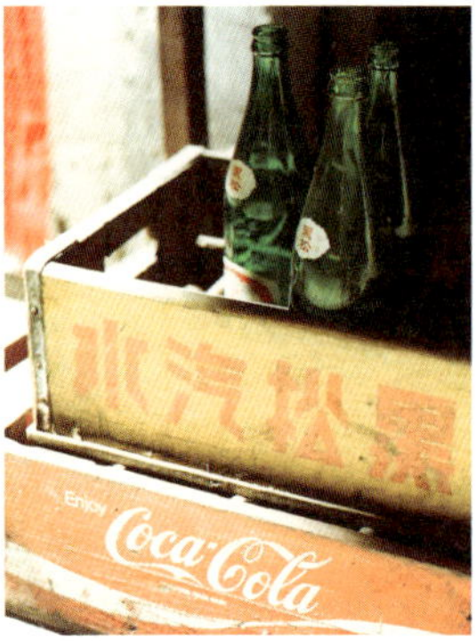
Enjoy
Coca-Cola

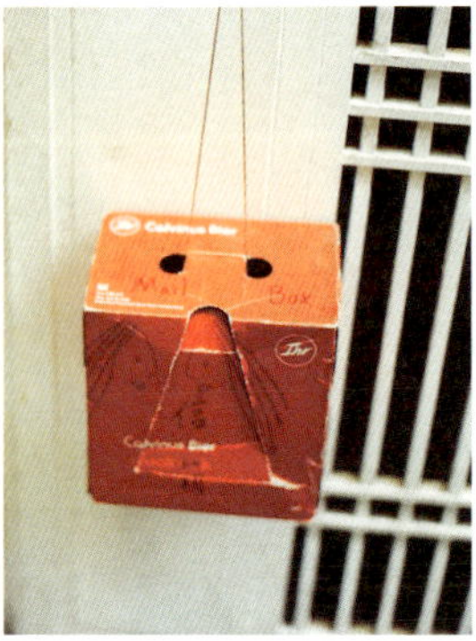
Mail
Box

玩物養志繼開來

集异收月博古今

∶∶emico∶∶

艺术工作者在市场里的许多角落，都有着令人惊奇的摆设。

旧时的汽水瓶与木箱、华丽的化妆台与旧皮箱，悬挂着的环保纸信箱，贴满花色的铁窗，仿佛都在这个不起眼的角落中，说着最动人精彩的故事。

城市，寻宝乐

台北
宝藏岩国际艺术村

"绝不再次造访同一个地点",如果抱持着这样的信念,其实就少了些反复咀嚼、越嚼越有滋味的乐趣。我,是来了宝藏岩国际艺术村以后,才慢慢了解宝藏岩聚落的二三事。而又因为从那些历史事件中理出一些头绪与情感后,决定再去散步一次。

"遗世独立"是我对宝藏岩聚落的第一印象,隔绝了汀洲路上的车水马龙,远离了世俗尘嚣。形形色色的屋舍,像是野生的花朵般有些失序地在山坡上生长,稍远处则林立着都会大楼,难以置信,宝藏岩这片土地竟能安然隐于台北市。经过了一间名为"宝藏岩"、供奉观世音菩萨的庙宇后,必须先在入口处进行参访登记,然后,望见那整齐排列的招牌绿色信箱后,随意转个身,处处可看见"宝藏家园"的标语,警告着来这里散步的人们,可别打扰了仍然住在这里的居民。我同意彼此相互尊重的观点,但也不得不承认,踏出去的脚步因此变得有些迟疑犹豫、有些胆颤心惊。沿着蜿蜒巷弄与阶梯缓坡,或许来的时机不大对,大部分的房子都是门窗深锁。偶尔,在某个小屋子里,遇见艺术工作者的展演,或者,在某个楼顶阳台,发现几个有趣的艺术装置,像是寻找宝藏般,展开一场神秘的冒险。

一谈起宝藏岩聚落的历史，就像是一个曲折纠结的故事，以不同的观点切入，便有不同的解读。将时间追溯到光复初期，有些居民进驻新店溪畔，搭起砂石工寮，这些工寮就成了宝藏岩最早的住户。尔后，原本被军方接管成为军事重地的宝藏岩，在营区内的老兵一步步突破禁建防线之下，沿着山势搭起简陋的房舍。多年来，随着社会变迁，一批又一批的城乡移民陆续涌入，从几十户扩张为几百户，一间间水泥或砖瓦房，如积木般在山丘上层层堆叠，游走于违建法令的边缘，他们也一直是这样安身立命地生活着。然而，违建终究要面对拆迁的命运，只是长期居住于此的居民们，又怎么能够轻易地割舍扎根于此的深厚情感？在沟通协商的过程中，似乎难以取得共识，于是一波波的陈情抗争，愈演愈烈，甚而爆发了激烈的冲突。2004年，台北市文化局正式将这里登录为台北市第一处聚落形态之"历史聚落"，并将此打造成国际艺术村，让驻村艺术家进入这个老旧的聚落，与居民共同生活，并以创作来传递对当地人事物的感受，希望能以"共生"精神，创造聚落更美好的未来。那些纷纷扰扰，时至今日似乎渐渐平息，宝藏岩国际艺术村也热闹地开始营运，政策、聚落历史文化、居民生活情感之间的纠葛，恐怕还得留待故事里的人自个儿诠释。

::emico::

沿着阶梯或步道上上下下迂回,像是在一座山城里探险,偶尔还能发现废置的军事地道。

而我，阅读过了一页页宝藏岩聚落的历史后，再度以旅人的角度在狭窄的巷弄中攀爬行走，在错综复杂的历史与情感中来回穿梭,在驻村艺术家的展演活动中寻找宝藏岩独有的"宝藏"。"心房广场"种满各种颜色的蔬果与植物，象征着多元族群与多元文化交织出缤纷的生活色彩。"尖蚪"在两层楼的老房卖着咖啡，在厨房后院播映着影片，二手家具与老旧的摆饰，营造了"家"的随兴自在感。"都市酵母"期待能活化每个都市里的酵母，触发都市人对生活的细腻观察，让人与都市产生更为紧密深刻的联结，然后对自己所生长的城市，有一种无以名状的骄傲。

第二次来访，我不再像上次那样怯生生的，踏出的步伐似乎也变得轻盈多了。或许是因为揭开了这神秘的面纱，反而能让我更自然地亲近这里，抚摸着岁月留下的伤痕。然后，过了一段时间后，我还会再来"宝藏岩"好好地挖宝。

::emico::

宝藏岩艺术村里，每隔一段时间又会有不同的艺术创作者进驻，由于以『共生艺术』作为主轴，因此在这里所看到的展览或艺术装置，也大多结合了当地人文与环境的特殊性。

::emico::

我喜欢观察每一个艺术工作者在工作室里里外外的布置,一些绿意、一些创意,用心营造有温度的艺术与文化。

::emico::

电影《面引子》的拍摄主场景就在宝藏岩的一角，带着影片中的情节记忆来这好好温习一次。

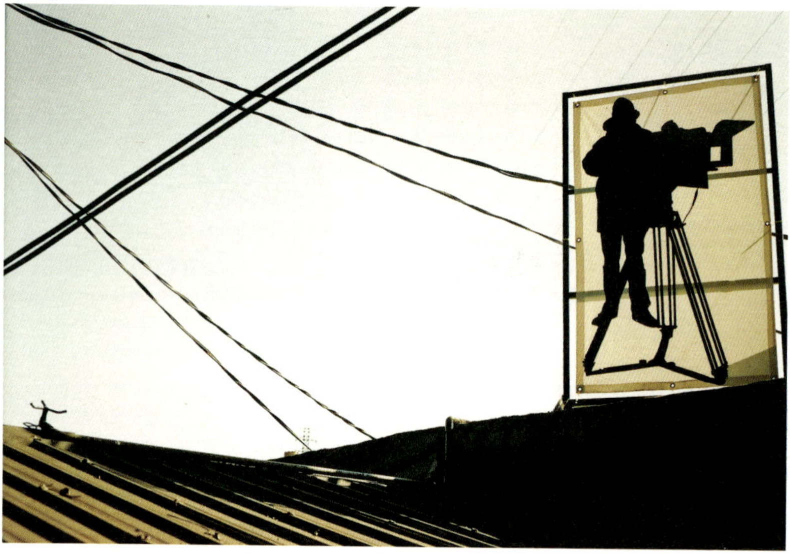

Chapter 3

沉浸·杂货氛围

一杯香醇的手工咖啡,
一碗充满诚意的本地料理,
像家一样的轻松自在;
坐在这里,我可以很安心、很陶醉,
在温暖的杂货氛围中,度过一个美好的午后。

本地的温润朴真
——好，丘

Simple Life

在四四南村漫步，一阵阵的烘焙香气不时从"好，丘"飘散出来，那是各式各样刚出炉的贝果正在对你招手的暗号。

犹记得那是接近过年的湿冷冬晨，信义商圈人群稀少，仿佛这个城市尚未苏醒似的。我的手指为了触按快门而暴露在冷冽的空气中，僵硬发冷，心底冒出了一个声音："如果这时冰冷的双手能握上一杯热腾腾的咖啡，那就太好了！"就在此刻，碰巧望见温暖的昏黄灯光从四四南村C栋的窗户透射出来，哇！任谁也抵挡不了它声声的召唤，于是脚步不由自主地向前走去。

走近"好,丘"，印着"好""丘""满"字样的方形红联，贴在透明的窗子上，处处充满着浓浓的年味儿。没有太多装饰与改造的朴实外观，让四四南村的历史继续在这窗边墙角间，缓缓呼吸着。"good cho's, good choice"，一走进"好，丘"，我便笃定这是冬晨最好的选择。

台北

SPECIAL

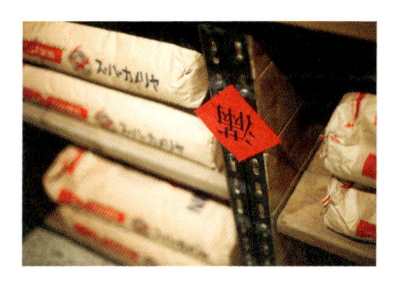

一袋袋的面粉架上，贴上一个『满』字，好有年味；透过复古的玻璃窗，可以看见在厨房里工作的厨师们，认真又用心的模样。

"好，丘"的创立是为了延续"Simple Life 简单生活节"的精神，让当地的农产品与各种食材、设计创作品牌、音乐与文化的展演，能在这个生活形态的复合式空间，持续地将这块土地上所有美好的人事物，推广给一般大众。因此，店内所摆放或贩卖的几乎是从台湾各地网罗而来的平民美味，像是费时种植的有机米，用心酿制的酱油，精心熬煮的天然果酱，等等。我喜欢这些当地食材，除了美味，那一份真诚的心意更令人感动。当然，不论是衣物、音乐、书籍或各式杂货，当中呈现出源源不绝的生命力与台湾精神，着实令人惊喜。菜单上琳琅满目的轻食餐点，光是用想象的就足以令我垂涎三尺！当天，我点了一份料多的蔬菜汤和以焗烤吐司和荷包蛋做成的"咬咬女士"，再来一杯香醇的热拿铁，果真暖胃、暖心、好满足。

FOOD

贝果是"好，丘"的招牌，刚出炉的贝果一个个整齐地陈列在木桌上，香气氤氲了整个空间。

"好，丘"的空间呈现，以开放式吧台和各种复古家具为主，悬挂着的锅碗瓢盆、各种样式的吊灯以及老皮椅、木椅。此外，可透过旧花窗看得一清二楚的厨房，其复古的温度暖得像是回到了自己家，轻松又自在。另一个小空间与走廊，成了展览的最佳场所，某些理念、某些想法与精神，就从这个小房子渐渐蔓延开来。而这曾经装满浓浓眷村记忆的房子，以另一种形式在此扎根，注入了崭新的本地生命力，成为商业气息浓厚的繁忙信义商圈中，独树一格的缓慢角落。

　　哦！对了！千万别忘了打包几个刚出炉的贝果回家，将"好，丘"用心的美味与更多人分享，一起品尝当地的美味。

SPACE

"好，丘"特别规划了展览空间，让艺术创作者可以尽情地在这片小天地分享艺术创作的喜悦，透过各种形式与看展的人们互动。

::emico::

古老的唱机上,摆放着来自世界各地的好声音,带来听觉的满足;木墙上贴着各项艺文资讯或展览海报,大大小小,形成了另一种简单的装饰。

— 自然的对味生活
—— 蘑菇

BOODAY

认识"蘑菇",是从一本手帖开始,而这已经是好几年前的事了。

上班生活着实忙碌,因此最喜欢周末假日来临时,能好整以暇地待在书店里一个下午,像只蜗牛一样,缓缓伸出触角,与整个世界重新联结。偶然间,发现陈列于杂志区的"蘑菇手帖",风格和大多资讯丰富的各类杂志迥然不同,B5左右的大小、五十页不到的页面、清新自然的封面设计,煞是吸引人,于是忍不住顺手买了一本回家慢慢品尝。没想到,就

这么一本薄薄的手帖,其中厚实的纸张、简单的编排、生活记事般的文字与摄影,让我从此爱上"蘑菇"。

因缘际会之下,得知台北捷运中山站附近有一家实体店铺"蘑菇",除了贩卖蘑菇手帖以及各种设计商品,还提供了简单的点心、饮品,使我心生向往。趁着春天午后的阳光和煦,漫步在百货公司后方的巷弄中,兴致一来就到"蘑菇"喝个下午茶吧!

SPECIAL

充满生活感的刊物《蘑菇》手帖，每一期都有不同的主题值得翻阅；天然染的棉、麻、帆布包，悬挂在墙上的漂流木架，高高低低，看对眼了就把它带回家。

店铺的一楼贩卖自家设计服饰、配件商品，二楼则是提供了少许的位子可以坐下来翻翻杂志、喝杯饮料，享用一份由蘑菇人为你精心设计的有机餐点。大片黑板上，可爱的粉笔字写着特别的菜单，也宣扬着蘑菇的理念。杂志柜上摆放着许多日系杂志，种类涵盖摄影、设计、居家、手作，另一个柜子则陈设着许多非主流音乐，可以购买，更可以试听，通通都是我喜欢的 tone 调。

我尤其喜爱窗边的座位，一眼就能望尽的绿意和自然的光线，坐在这里，感觉就像在节奏明快的繁忙城市里，呼吸着一口又一口的新鲜空气。同行好友点了杯北台湾雪藏啤酒，而我点了一杯果茶，再加上一份焦糖香蕉可丽饼，热热地吃，焦糖和着香蕉片那浓郁的香气在嘴里散开，实在迷人。香蕉料理在我挑剔的味蕾中，写下了不可磨灭的好滋味。

MUSIC

墙上的 CD 柜搜集了国内外用心制作的独立音乐，蘑菇的独家推荐，绝对值得你拿起耳机、用心聆听。

那天，我看到了李瑾怡《白色动物园》的画画与编织展，不论是手作或是手绘都令人爱不释手。在店里和店员小聊一下，也谈起了店内的空间设计。我很喜欢展览与整体空间的搭配，不自觉地在这个小小空间里一次又一次地按下快门。如今，挑选着照片、以文字记录心情的此刻，我几乎是快要把整卷底片都贴上来了。嗯，真的很爱很爱这间小店，喜欢这空间传递出来的氛围，自然不造作的平易近人，让我对于生活总是存在着，美好想象。

PRODUCT

蘑菇自家的服饰，从设计、打版至挑选布料，每一个环节几乎都不假他人之手，对于布料的挑剔，无非是让穿着蘑菇T恤的人，享有更舒适的触感。

台北

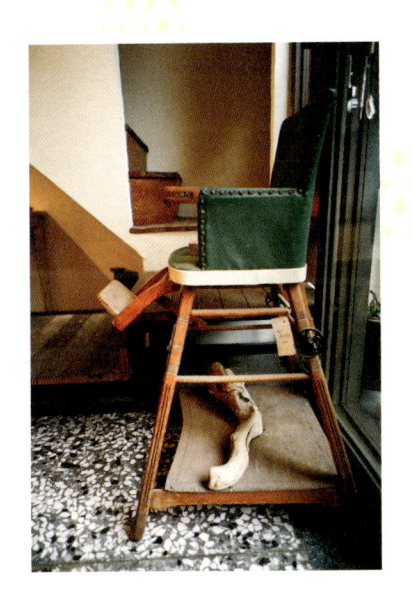

：emico：

纵使，那躲在桌下的木马出现在许多店里，每见到它还是会忍不住再按下快门，追忆逝去的童年；而那特别的婴儿椅，不论是绿皮椅垫，还是那充满痕迹的木椅脚，都让我想要瞬间变成小婴儿，安稳地坐在上面尽情体验。

温馨细腻的用心与温暖 ——点点咖啡

dot dot

　　台北捷运中山站邻近的狭小巷弄里,藏着一家可爱的小店——"点点咖啡"。以清爽的白色与木质地板为基调,营造出明亮温暖的空间,每张餐桌摆放着咖啡底白圆点的餐垫与杯垫布,随处可见的圆点点,轻易地掳获了我的心。不得不承认,这一带实在有太多吸引人的轻食或午茶小店,各式各样的风格应有尽有,而"点点咖啡"在我心中可说是可爱小店的代表。

　　"点点咖啡"幕后的老板其实是一个男生,担任发型设计师的他一直都有着开民宿的梦想,但在还没实现梦想之前,他决定先开一家咖啡店来试试看,于是就在离美发店只有三两步距离的老房子,成立了这一家"点点咖啡"。可是,满屋子的手绘线条与充满女孩气息的布置风格,与看起来很有个性的老板所流露出的气息,一点也搭不起来。原来,"点点咖啡"的整体设

SPECIAL

计工作都委由"Studio 3dot"来打理，从名片、菜单、明信片至所有的摆设与展览，以及网络上的部落格或facebook，等等，这样才能呈现出一致的点点风格。而"Studio 3dot"的成员则是网络上的人气插画家贼、猫咪和他们大学朋友丸子，用自己的设计专长一起打造出"点点咖啡"独一无二的风格。

"点点咖啡"贩售轻食、蛋糕和午茶等，最适合三五好友来这里话家常。即便像我一人独自来访，也很容易找个舒适的位置坐下来，捡本好书或杂志，愉悦地度过一下午。"柑橘核桃三明治"尤其令我难忘，大咬一口，夹层的新鲜蔬食与柑橘核桃面包的清新香气和在一起，实在很对味。餐后，店员送上手工小饼干，不甜不腻，与咖啡搭配得恰到好处。此外，白墙上的作品不定时更换，以插画、水彩或摄影等艺文展览为主，提供了一个绝佳的展览空间；木桌上的书籍、卡片或是各种手作品，让手作人的用心也能被看见；新鲜蔬果静静地躺在篮子里，玻璃的瓶瓶罐罐，装着小巧的手工饼干，日式杂货氛围令人着迷。

"点点咖啡"，其用心程度绝对不止一点点，更带给我点点滴滴的温暖；然后，我再带着这些点点幸福，微笑面对每一个忙碌的日子。

FOOD

"点点"提供的餐点以轻食为主,不管是柑橘核桃三明治还是蔬菜浓汤,都很美味。

emico：

各种杂货的摆设，让走进『点点咖啡』的人们，不仅只是享用餐点，也能"阅读"眼前这些杂货。缝纫机的花铁架与桌上的木板、木椅，充满了朴实又温暖的手感。

DECO

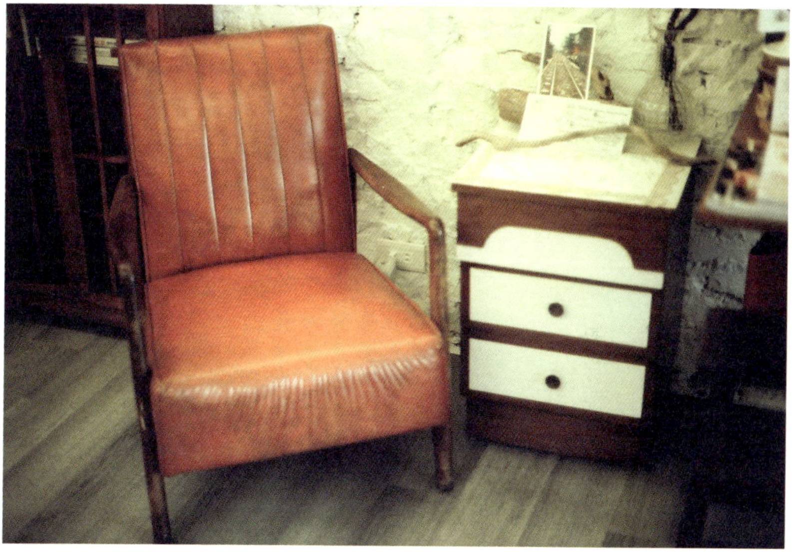

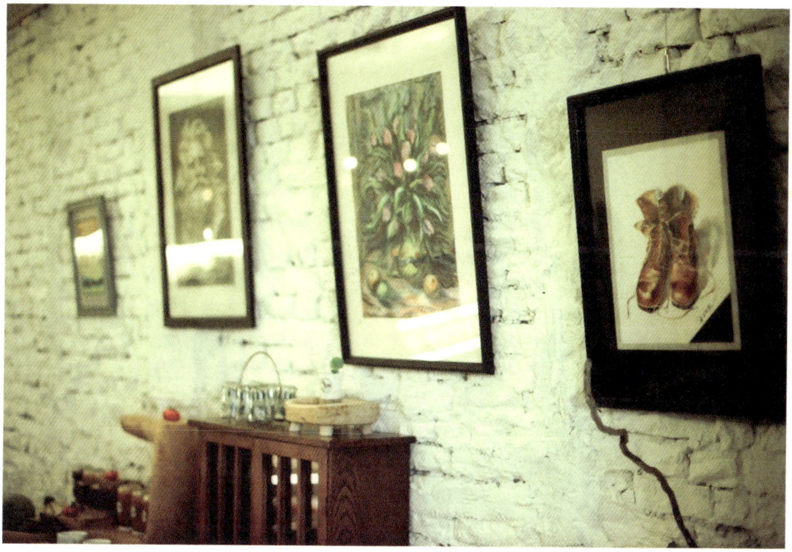

不规则的美感

Akuma caca

九月开学前的炎炎夏日，前往台北华山 1914 文创园区看几米星空特展。看完展览后，顶着头顶的骄阳，在忠孝敦化站下车，步行至仁爱路附近巷弄里一家很有设计感的店"akuma caca"。平常日的午后，我独自坐在那里，想象都会地区人群急忙穿梭着，心里颇有忙里偷闲之感。

"akuma caca"是一家很特别的店，外观是不规则的几何支架围绕着透明的玻璃屋，令人忍不住想要一探究竟。老板是名设计师，公司开在一楼，灵活利用一点额外空间，理想中的咖啡店于焉诞生。推开玻璃门，人工草地上的一台脚踏车映入眼帘，在午后阳光的照耀下，衬托出都市里的优闲之感。而一旁的招牌设计，我尤其喜欢那上面的插画。

走下楼后，不同于许多同样利用地下室空间的餐厅，这里没有奇怪的味道，也不觉得潮湿，反而是穿透玻璃屋的阳光让整家店更显明亮温暖。当然，店里的摆设，映入眼帘的也大多都是不规则的家具、物品。桌子不规则、椅子不规则，水杯像个不倒翁摇摇晃晃，也是不规则，就连盛装食物的餐盘，都有别于传统印象。拼拼凑凑的不规则组成整体空间，却丝毫不感到凌乱，反倒有一种难以言喻的谐和美感。

SPECIAL

「不规则」充斥在这个空间里的各个角落，奇形怪状的椅子、倾斜的水杯、适合左手的咖啡杯、不规则的木桌……失序的新奇感，十分有趣。

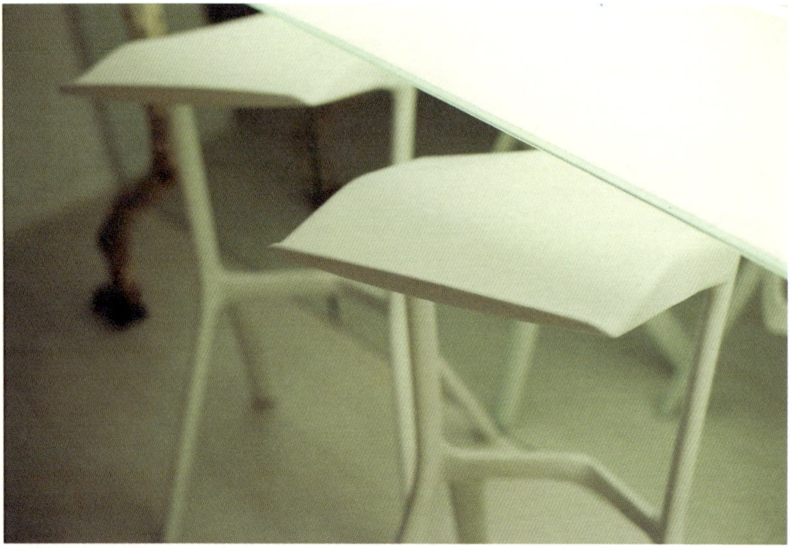

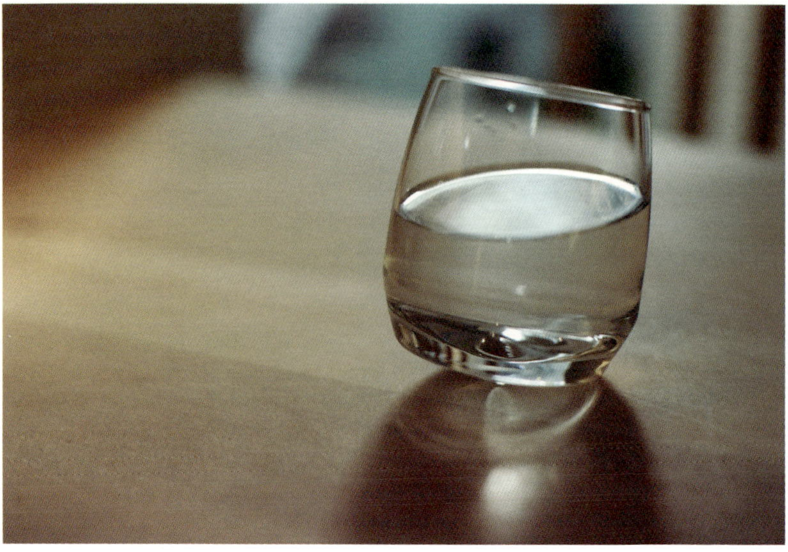

说起食物，我点了糖渍香橙片、维吉尼亚火腿帕里尼，还有一杯冰拿铁。菜单上的餐点，和台中的"胡同"有几分相像，一样有柠檬扎片、糖渍香橙片，当然也有很多经典的咖啡。后来，才知晓原来"akuma caca"的店长之前是在台中"胡同"，怪不得食物也是一样的独特美味。维吉尼亚火腿帕里尼是亲切店员的推荐好菜，厚切火腿吃起来真的很够味，附上些许生菜色拉，整体的口感相当清爽。

那个下午，我坐在店里的一角，欣赏小圭的插画展，拿着相机在店里四处拍拍，翻阅那一整面书柜上的设计书籍，望着阳光从玻璃屋顶洒下，不感觉燠热，而是心灵上的神清气爽。我想，那是一种夏日才能享受的幸福吧。

FOOD

:: emico ::
这里提供的餐点极有诚意，除了视觉上的飨宴之外，也满足了挑剔的味蕾。装盛食物的盘子，也充满了颠覆传统、不规则的乐趣。

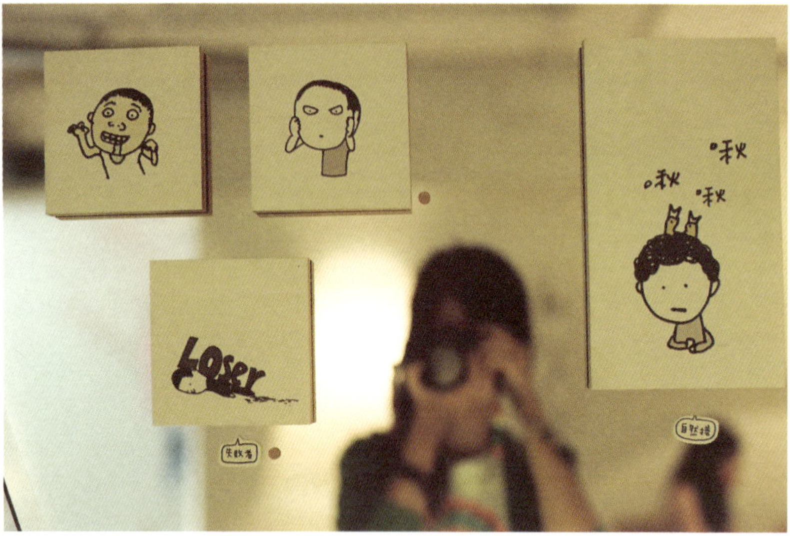
啾
啾
啾
LOSER
失败者

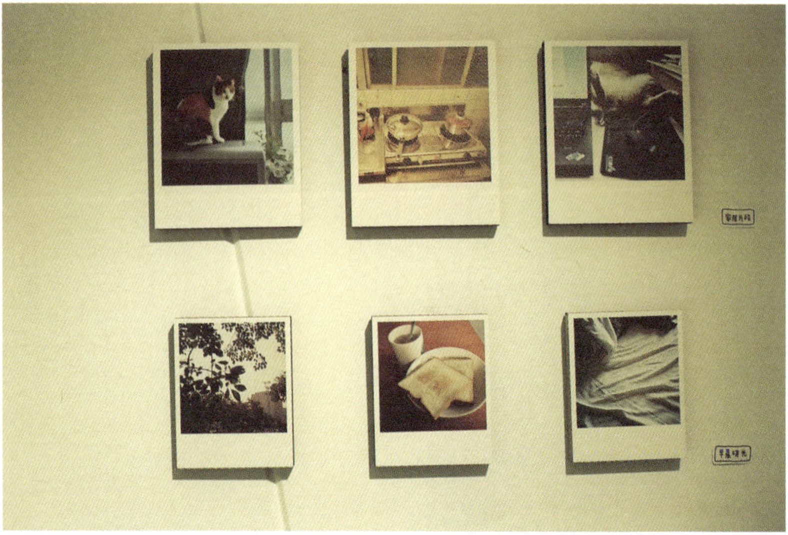

:: emico ::

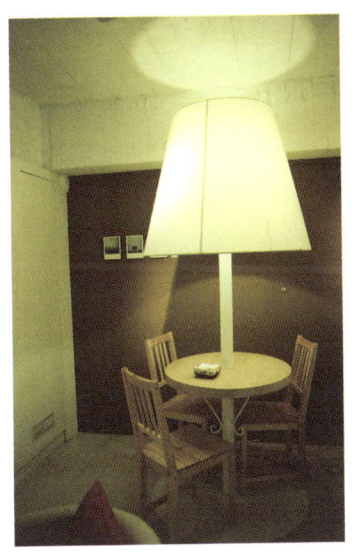

虽是地下室的空间,但从楼梯透下来的大量光线,让这里少了原本预期的潮湿幽暗感;;当然,若想选择温暖光线的一隅,坐在大灯罩下,应是不错的选择。

日常的生活感 —— 小日和

Ça-va

结束长达十天的京都漫漫生活后,我仍时常眷恋京都小店的气味,朴实而美好。很幸运地,离家不远的新竹世界大同街区一带,"Ça-va"总是最能吸引我的目光,似乎走进这个空间,就能重温京都的日常,让心灵获得抚慰。

宽阔的店面,没有太多花俏的装饰,几张老椅子和盆栽透露着生活的纯粹,透过大片落地窗便可望见流泄一室的温暖。店主人小倩坐在店内一隅静静地阅读,即便当下没有客人,她似乎也能安然自在投入书香世界。菜单上的选择不算多,更可见"Ça-va"对于餐点食材准备的用心与诚意,只准备自己擅长的、提供自己想提供的,而非为了讨好大众口味而列出琳琅满目的寻常料理,我喜欢这般的有个性。

在周末的午后,我毫不犹豫选择和风沙拉佐上几本日式刊物,借此净化疲惫许久的身心灵。或许,和亲朋好友一同坐在咖啡店里聊聊天,也是不错的舒压选择。但我选择一个人走进咖啡店,关闭手机、电脑和网络,暂时抛开世事纷扰,也想先逃离过度泛滥的3C世界。"Ça-va"提供许多与旅行、摄影、料理、生活、日本相关的书籍、小物,如此便值得你我优游一整个下午。

新竹

SPECIAL

小陶器插着几株干燥花,带有微小的美丽。

若问我"Ça-va"和现今常见的风格小店有何不同，我会说这里处处可以感受到店主人小倩的诚意，精心挑选过的书籍、手作文创小物，以及不定期更换的展览，似乎都一一展露着"Ça-va"某些坚持的个性，与大家分享的美好事物必定得先让"Ça-va"也爱不释手、恋恋不忘。

认识店主人小倩已经是好几年前的事了，打造一家与自己性格、喜好相符的店，是小倩这些年来不曾改变的信念与执着。从拥有清新风格的日式杂货店，直到如今这家充满个性又带有温润感的小店，此外，多次迁店的经验，仿佛也正记录着小倩捏塑梦想的历程，并且越来越接近她自己心中的雏形——那种认真生活着的样貌。

汲汲营营的忙碌生活中，总有需要歇息的时候，走进"Ça-va"便又能重新找回生活的纯粹，并且再稍加提点味儿，然后便能带着满满的心灵收获，用心过生活。

FOOD

emico：大量的蔬果色拉、养生南瓜与面包，果然是清爽的日和餐。

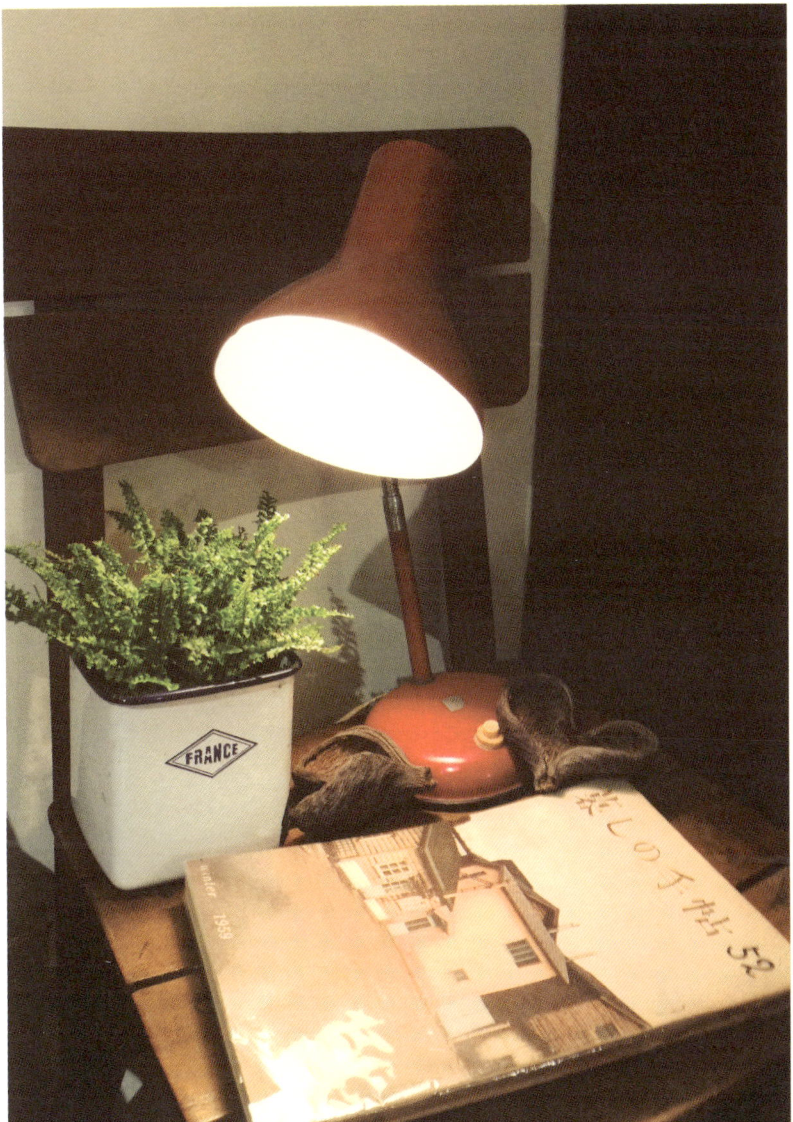
FRANCE
暮しの手帖 52
winter 1959

::emico::
搜集来的古物陈列于朴素的木柜上、老木窗前,组合出一段老时光。

城市里，慢呼吸——11楼之2的小花园

11F-2

隐身于车水马龙的大马路旁，循着小公园一隅走去，方能发现有方天地竟以花花草草营造出清新的乡村气息，"11楼之2的小花园"便是置身于此。浅浅的鹅黄色墙面与淡蓝色木门，勾勒出一片清爽，各式陶器、铁罐、花器盛装着可爱的多肉植物与绿色小盆栽，木箱与园艺杂货堆叠门前，点缀出令人向往的南法风情，室内的昏黄灯光从这一大片玻璃窗流泻而出，这样的温度很暖心。也怪不得这平日的午后四点，小花园里已是高朋满座。

宽阔方正的室内空间，运用白色的木板营造出空间的层次感，不论是坐拥公园绿意的窗边、独享单人阅读空间的长廊，还是抹茶绿墙的秘密空间，又或是如同欧洲杂货店般的餐点料理区，仿佛坐在不同的位置便能拥有全然不同的感受。店内摆放或悬挂着各种干燥花束，巧手搭配出协调的美感，在淡淡的花香中，平日压力得以纾解。这里还有许多令人爱不释手的园艺书籍与杂货，配合工作室时常举办的园艺相关课程，像是木工课、不凋花

SPECIAL

精心的规划与设计，打造出各有不同特色的空间，坐在不同的位置就能有不一样的心境感受。

设计课、园艺主题的刻章课等，总是受到许多人的喜爱。除此之外，小花园也提供了简单的饮品和餐点，我尤其喜欢田园套餐，一碗爽口的南瓜浓汤搭配充满香气的面包，佐上新鲜沙拉，简单的料理有时更能咀嚼出不平凡的美味。餐后，再以一杯咖啡写出完美的结局，毫无负担的一餐，身心灵都变得轻盈。

店主人Claire原是一名竹科工程师，但她更是热爱花草游戏的园艺高手，开间既是咖啡馆也是工作室的小花园一直是她追寻的梦想，在妹妹黑兔兔协助进行整体空间设计之下，梦想有了萌芽与茁壮的机会。开店以后，Claire仍坚持每周必须保有适度的休憩时光，让她和妈妈能稍稍喘息、整理小花园，同时也能继续精进园艺事务，学习各种课程。

对我而言，"11楼之2的小花园"不只是一家咖啡馆，更是能疗愈心灵的自然系空间。尤其，看着这些花花草草与眼前大片公园绿地，似乎能短暂忘记自己身处喧嚣都市丛林，而能缓慢吸纳满屋的自在香氛。

几个老木箱、几把老木椅，成就了一个有温度的小空间。

FOOD

一盏老灯具,照亮清爽的田园套餐,食物显得更加可口。

DECO

堆满花草小盆栽的门口,在鹅黄色墙与蓝色木门衬托下,南法的悠闲时光随之浮现。

当音乐与咖啡相遇
——呼噜咖啡

Forro Cafe

喜欢台中,是因为这个城市风情万种的多元面貌。白天,小巷弄内一片恬静,气质脱俗;夜晚,处处皆是人声鼎沸,热情澎湃。

在精诚商圈周遭,隐藏着许多精致的小店,不仅销售餐点、服装、艺文,同时也推广这里特有的闲静与悠闲气息。卖咖啡、也卖音乐的"Forro",就藏身在这个商圈里。初夏的某个周末早晨,我来到了这里,原因无他,只是单纯喜欢这样一个明亮又清爽的空间,安安静静坐落在繁华都市里的小巷弄。

SPECIAL

整面的黑板墙，除了有可爱的手绘涂鸦，还张贴着许多音乐海报，一把吉他、一架风琴和几个座位，这里成了店里的热门座位。

台中

其实，这是一家由一群嗜饮咖啡的音乐人共同经营的复合式咖啡店及旅店，其中一位就是知名的手风琴家——王雁盟。店名取为"Forro"，有着"For All"的意涵，念起来呼噜呼噜的，很可爱也很逗趣。从建筑物的外观看来，这是一栋两层楼的老式洋房，纯白的墙面在蔚蓝天空与前后院绿草如茵的衬托下，景致百看不厌。坐在开放式的可爱吧台边，啜饮着这里才有的"小学生咖啡"，一天的好心情常常就此蔓延开来。不仅如此，走进室内，充足明亮的自然光线从落地窗洒入，悦耳动听的音乐飘进耳里，眼前一整片的黑板墙上那别具美感的手绘，以及各种精心设计的空间布置……这是一个令人忍不住在每个角落都多驻足一会儿的梦想咖啡店。如果遇上了周末，"Forro"还会安排不定期的现场表演，买张入场券、选个好位置，让好音乐滋养你的耳朵。

如果时间够充裕，我还真希望可以在这里坐上一整天，甚至在二楼充满设计感的房间住上一晚，翻翻旅行书，偶尔望着窗外的草地发呆，夜晚聆听屋子里飘扬的音符。然后，便会慢慢地、不知不觉地，找回生活中的慢灵魂。

music

音乐出身的老板，当然也贩卖着悦耳动听的声音；墙上各式各样的海报，拼贴出一面个性风景。

space

::emico::

墙上的小木夹,将一张张回忆悬挂起来,一个盖了邮戳的信封和一只斑驳的黄色旧皮箱,这一切让我有了旅行的冲动。

::emico::

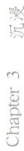

小学的木质课桌椅，2B铅笔与设计成电脑答卷的菜单，忍不住遥想起充满酸甜苦辣的学生时代。

::emico::

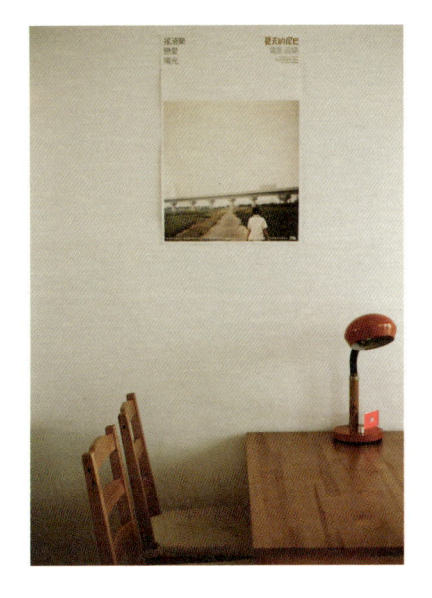

白墙上唯一一张电影海报，简单利落的木桌椅与红色台灯，有时，极简的画面才最动人。一杯小学生咖啡，从深咖啡、浅咖啡过渡至纯白的牛奶，喝一口，咖啡的香气也随着味蕾逐层散开。

缓慢的时光・风景
——和。好珈琲店

hold hope Cafe

这是一家开幕不久的咖啡店,却充满着初生之犊的勇气与能量。午后,推开黄色木门,走进这个小空间,店内已是高朋满座,一位难求。我感到十分好奇,这家在网络上似乎还未打开高知名度的小店,如何吸引这么多人来访,当中还有许多是特地前来外带咖啡的客人。

坐落在大楼的一楼店面,"和。好珈琲店"显得格外低调,一个不注意可能就忽略了它的存在。店主人牺牲室内的用餐区,刻意打造了如车库般的半户外空间,而这处处是木头的空间也成为"和。好珈琲店"的一大特色。饱和的黄色是这里的主色,漆在大量的木材上,降低了黄色的耀眼,增添不少温暖质感,主体视觉对我而言十分新鲜。老家具、古董、旧式门窗、废弃底片壳堆列于此,如同一场小型的古物展览。我尤其喜欢那厚重的黄色木门与十字形木头把手,即便此刻是酷热仲夏,暖色系的风景似乎让一切喧闹顿时都安静了下来。

店内又是另一个古物空间,让人置身怀旧时空。墙上的木架有各式各样的老相机,书柜尽是旅行、生活与摄影的书籍,老沙发、旧桌椅、古时钟,还有与铁路局相关的文物,在昏黄的吊灯照明下,时光缓慢流

SPECIAL

以摄影、旅行、生活为主题的书柜，一只阿楞、一台相机，陪你度过一整个下午。

动,引领我的心得以暂时驻足。店主人是一对年轻的夫妻,我坐在吧台前观察了半晌,发现他们大多沉静地在吧台后方准备咖啡和餐点,专注于料理,客人进门后的寒暄招待,似乎也因害羞而显得话少。

我肯定这并不是一家深夜食堂,你不会在此遇见小林薰,但这是一家在空间营造上极为用心的咖啡店,它运用氛围疗愈客人的心灵。即便小小的店里有那么多客人,或高谈阔论、或专注于书籍电脑,但"和。好珈琲店"独有的温暖气息,让一切的慢条斯理变得理所当然。

我欣赏这对年轻夫妇对于梦想的热情与勇气,专属南方的缓慢风景与时光,我们得以在此一网打尽。

space

::emico::

各式各样的相机搜集与摄影相关书籍,不难看出店主人对于摄影的钟爱。大量的底片壳堆叠于此,摄影迷总忍不住多看几眼。

宽阔的店面，保留了一部分静态展演空间，透过陈设形塑与众不同的风格。

Chapter 4

慢活·小岛风情

飞鱼在海上画出美丽的弧线，
拼板舟在岸边拼出一艘艘丰收，
小管在阳光下享受温暖的日光浴，
清澈的海水与洁净的贝壳沙湾，
洒下快榨出汁的一片湛蓝。
走！慢活去！我在小岛天气晴。

飞翔的鱼
——蓝调兰屿

每一次的旅行，除了双眼所见的风景之外，耳边传入的好声音更是会影响着我的心情，并且在日后轻易勾起我的旅行记忆。当我刚结束单人旅行回到家里，对那音乐仍念念不忘，找到原住民歌手陈建年的专辑《东清村三号》后，不断地按下播放键反复聆听，我的心仿佛又随着听觉记忆回到了旅途中的风景，平静舒坦，沉浸在放松的心情里。

"东清村"在哪里？"兰屿"，真的令人如此忘忧吗？我开始有了想要亲自走访一探究竟的念头。于是，我的兰屿之行就在有些仓促的状态下意外展开了。

春游，出发！

真正确定兰屿之旅，大约是三月中的事了，离春假三天的假期约莫只有三周的时间。从"女人鱼"民宿开始询问空房，直问了至少五家以上，都是满房的消息。关于兰屿的住宿资讯，网络上还是相当稀少，但兰屿的民宿即使满房了，主人还是会提供一串其他民宿的电话，就像滚雪球一样，民宿资讯越来越多。好不容易，找到了仍有空房的飞鱼文化会馆，和热心的赖大哥联络之后，接下来完全交由赖大哥打理事务了，包括往返兰屿的船票、在兰屿两天的交通等。而我们只要想办法抵达垦丁后壁湖，并且赶搭早上八点钟的船班即可。

海上，2.5hr 的飞鱼梦

一大早，七点整准时走出垦丁民宿，背着大小行囊徒步到后壁湖。但，脚程还是慢了些，在七点半必须抵达后壁湖checkin 的时间压力下，总算顺利赶上。当我走到船上时，早已是满满的旅客，又遇上了一大票准备到兰屿浮潜的外国人，整艘船好不热闹。船发动了，乘载着两三百个兰屿飞鱼梦往人之岛出发！

  我以为我可以好好站在船上，欣赏辽阔的海景，事实证明，我想得太美好。看着台湾最南端的海岸线离我们越来越远，鹅銮鼻灯塔渐渐消失在我们眼前，海上的风浪也随之越来越大。偶尔溅起几层楼高的浪花，让船上旅客的惊呼声此起彼落，只是几次之后，再也听不到太多的欢笑声，取而代之的是一个个拎着塑料袋脸色苍白的游客，仓皇冲出船舱，紧接着一阵令人难受的作呕。我虽然早已服用晕船药，但在不断摇晃下，也开始感觉到些微的头晕目眩。强劲的海风吹得我一头乱发，船舱里的空气着实让我感到不舒服，于是决定到船尾的甲板上找个角落歇息，用意志力对抗晕船这扰人的魔鬼。阳光洒落在我身上，蜷曲着身子听听海浪的声音，偶尔起身看看鲸鱼的踪影，2.5hr 的飞鱼梦在海上，浮浮沉沉。

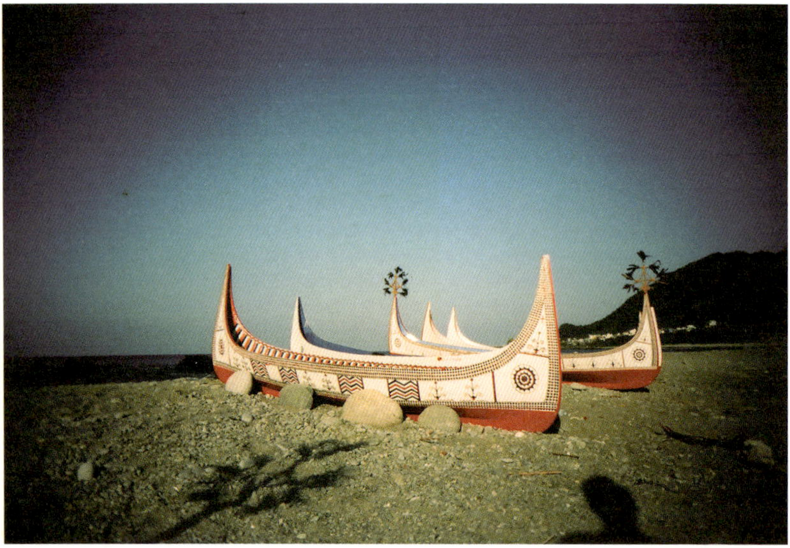

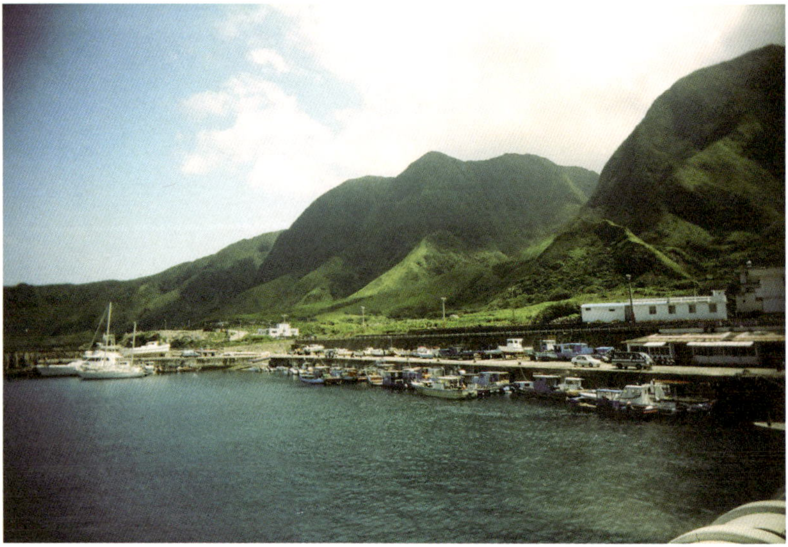

兰屿，我真的来了！

　　金星轮缓缓驶进了开元港，船上的游客一扫方才晕船的阴霾，此刻都开朗了起来。阳光炽热地照耀着，蔚蓝的天、洁白的云絮、最清澈的海水。赖大哥说，我们运气实在好极了，在这天之前，兰屿可是阴雨绵绵许久。我想，这是兰屿迎接旅客最热情的方式吧！搭着兰屿别馆的顺风车，从椰油村到了红头村，我们所居住的地方就在红头派出所旁边而已，村子面对着一望无际的大海，据说此地有着兰屿最美的日落。飞鱼文化会馆虽不是精致的民宿，但也提供一个干净舒适的休憩空间，还有民宿主人诚挚的热情招待，如此便已足够。提早享用午餐后，骑着赖大哥为我们准备的摩托车，准备来一趟"环岛之旅"。没有专人导览解说，就用自己的双眼发现兰屿、欣赏兰屿吧！

美好的七大之最

最蔚蓝

从红头村出发，顺着三十六公里长的环岛公路往南走，在抛开都市的红绿灯后，连安全帽都可以备而不用，随性多了，也自由多了，感觉兰屿最清新的空气正如此地贴近着自己，轻掬一把，都是新鲜。一路上，右手边是汪洋大海，左手边是层峦叠翠，头顶上是无垠的天；坐在后座的我，不断惊呼着眼前所见的"暴力蓝"，多么蓝的天，多么蓝的海，那几乎已超出我二十多年的生命记忆里关于蓝色的视觉经验。光是一个蓝天，就能让我仰望许久，紧紧拥抱着蓝天不放。最蔚蓝澄净的天，是我眼前的这片天；最湛蓝清澈的海，是我眼前的这片海。兰屿的天空和海洋，绝对是抬头仰望、低头俯瞰的每一次，都让人忍不住激动按下快门的动人风景。

最纯真

途中,我们经过了兰屿小学。白色校舍并不旧,但衬着青山与蓝天煞是好看。我喜欢校园里四处都有着孩子们的艺术作品,总觉得这样的校园最能拥有小学生的纯真。蓝色漆满了墙壁,立体的陶土作品,一条条各式各样的鱼儿、海底生物优游其中,那是属于孩子们眼底的兰屿海洋世界。马赛克砖拼凑成一大面墙壁，仍然是鱼，是一片与孩子们生活息息相关的海洋。就像每次看到街头涂鸦或是墙壁彩绘一样，我也爱极了兰屿小学那好几面墙，最纯真的墙。

隔天中午，我们又在一处海岸边遇见一大群孩子，穿着家居服，带着潜水用具，在炙热的太阳底下，年纪小的孩子光着脚丫在岸边戏水、打水漂，年纪大一些的孩子，有的站在礁石上吃吃喝喝，有的光着身子噗通噗通地试图以最美的弧线完成跳水，还有一群孩子早已装上潜水设备沉入海底世界。阳光洒在海面上，波光闪耀得动人；眼前这群孩子黝黑发亮的脸庞挂着纯真的笑容，优游自在，似乎与那闪闪波光互相照映着。于是，那些纯真的风景，一幕幕通通存进了脑海里。

最传统

兰屿，大多居民都是达悟族人，以海为家。因此，许多户人家门前也常有着小亭子或是靠背石，在炎热的天气里，可以望着海乘凉休憩，一家几口聚在一起谈天说地，感觉相当地悠闲自在。而在几个村落中，保有最传统建筑的莫过于野银村。野银村至今存有不少"地下屋"的半穴居建筑，一方面是为了防止台风带来的灾害，一方面也有冬暖夏凉的功效。但，在这传统聚落中，族人对于自己的传统文化也是相当重视，不轻易对外公开的。面对不间断的外来游客，我想当地居民们最需要的是得到尊重，因此也常见到达悟族人挺身而出捍卫自身居住隐私的画面。在没有当地人陪同下，游客们还是尽量避免穿梭在野银村地下屋之间，以免打扰到当地居民的生活作息以及隐私，万一随意拍照和居民产生冲突可就不好了。在兰屿的第二天一大早，看完东清湾的日出后，赖大哥又领着我们一群人到野银村去，简略地替我们介绍地下屋的一些特色。至少在有当地人带领的情况下，野银村的居民可以稍微卸下一些对外来游客的防备。只是，这也提醒着喜欢拍照的我们，在好摄之余，对于人权的尊重可是一点也不能少的。

于是，最传统的兰屿风景不装进相机的记忆卡，就直接收进自己的眼睛里吧！

最自然

在兰屿的公路上，随时出现大批的羊群穿越马路、爬满山坡、驻足海边是稀松平常的事。有人说，羊群就是岛上的红绿灯，任何人看到它们可不能不对它们礼让三分。我想，对于我们这些从城市来的旅客来说，不仅会礼让这些山羊大哥们，更是会忍不住停下车，拿起相机对如此自然又有些逗趣的情景多按下几次快门吧！那些羊群似乎也不怕生地让我拍照，直盯着我瞧，然后再慵懒地别过头继续走它的路。在兰屿岛上的两天，每每看到一只只羊儿悠闲地趴在海边晒太阳，在山坡上吃草，在公路上排排队，我总忍不住笑了出来，然后开始数羊只，开始观察这些大小羊只的"羊"生百态。而除了羊群之外，到处奔跑的野猪还有公鸡也是穿梭在街头巷尾间，现在想想，我看到的猪好像还比狗多太多呢！说"野猪"是兰屿人的宠物似乎也不为过。这些不会在水泥丛林里穿梭走动的动物

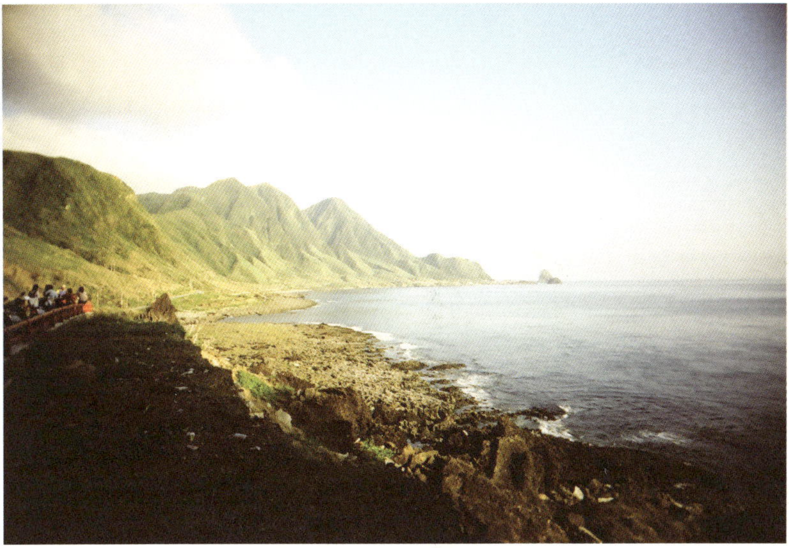

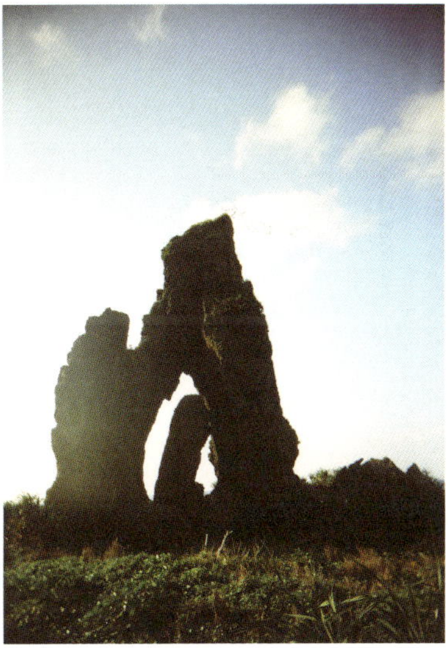

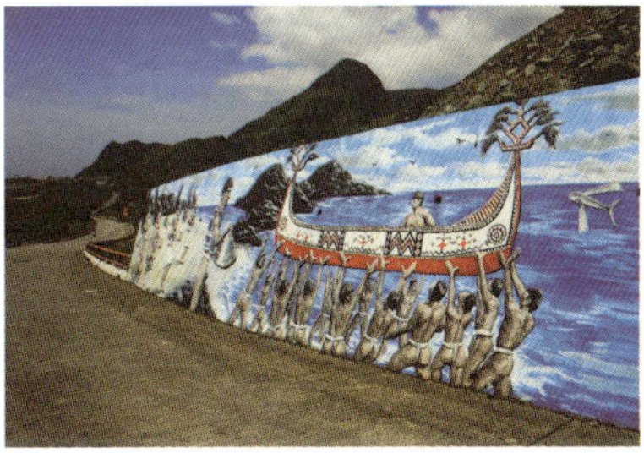

们，如此恣意地在岛上生活，成了兰屿岛上一处最自然的风景。

最特别

会特别选在春假时间来，正是因为兰屿每年三到六月的飞鱼季。每当在海边看到拼板舟，在几户人家门庭前看见晒飞鱼干，总是会忍不住多看几眼。对我来说，仿佛过去在社会课本上所读到的那些传统文化、那些照片在此刻都一一地生动了起来。原来，新鲜的飞鱼加点姜丝煮成汤是如此鲜美，晾在竿子上的飞鱼干似乎加了些许酒，有着特别的腌渍香气。原来，一艘艘停放在海滩上的拼板舟雕饰是如此的华丽，拼板舟上的每种图腾都有着特殊的意义。最蔚蓝的天，最湛

蓝的海，红、白为主，配上些许黑、黄颜色的拼板舟停驻在岸边，大自然与达悟族文化艺术的结合，我喜欢这样鲜明特别的风景。

最感动

很想看日出，却从来没有那样坚定的意志力驱使自己早起看日出。第一天的晚上，赖大哥询问我们是否要早起去看看东清湾的日出；清晨五点准时出发，对于一向晚睡的人来说可是一大考验。但，兰屿纯朴的夜生活，也让我们早早进入了梦乡，于是，带着些许期待去东清湾看日出吧！

在赖大哥带领下，从红头村穿越中横公路不用十来分钟就可以直接接上东清村，一路上看见东方露出鱼肚白的天空与海平面的交界有着朵朵的云，心里还想着此行恐怕是看不见日出了。此刻的东清湾已有几位摄影玩家架着脚架，准备等待日出的一刻；海上也有些许渔民刚出海捕鱼回来，正在岸边收拾着方才的渔获。天空渐渐染上淡淡的橘红，一颗完整的红色太阳冉冉从海上升起，光芒四射，推开了云朵，准备尽责地站在天空给予兰屿一整天的热情。

我很难在这里以简短文字叙说在海边看见日出的感动，那是生命中的全新体验，只有亲眼所见，才能知道点滴都在心头。

最深刻

如果你要我说出这次兰屿旅行最深刻的一幕风景,那我一定会不加思索地回答你:"就是他。"——日出的东清湾前,那一户达悟人家。当我们看见这户人家在家门前卖力地处理刚捕回来的新鲜渔获时,日出金黄的光芒直打在他们脸上,额上的汗水说明着讨海人的点滴辛苦。认真的风景总是迷人,于是基于尊重之理还是先询问过大哥才开始按下快门。我的镜头是简单的 18~55mm 焦段,想要拍摄人物的特写,非得要站得相当靠近才行,总无法离得太远。那时,我就蹲在一位老伯旁边,先看着他熟练的身手,穿梭在菜刀与大鱼、小鱼之间,他卖力地埋头做事,似乎也不大和周围的工作伙伴或家人聊天;偶尔抬起头来,露出一丝腼腆的笑容,看着我们。等到他们的渔获处理得差不多时,我们也准备离开了;那位老伯再次抬起头来,望着我们,然后给了我们一个真

挚的微笑。金黄色的阳光照耀着他历经多少风霜的脸，那条向上的弧线传递着一股热流，直达心底。至今，我仍深刻记着。

虽然只待在兰屿短短两天的时间，却发现有一种用再多照片与再多文字都无法将兰屿之美说分明的感受。对于第一次踏上人之岛的我来说，那里像是一块新大陆，像是一个新天堂，每一个人事物都新鲜有趣。两天的时间，并不足以看尽兰屿之美，但，我却已有了小小的满足。纵使我们像是走马观花的旅人，但一张张"第一眼"的兰屿风情，都是令自己印象深刻的。在岛上与最干净的蓝、绿、白相遇，在环岛公路上记录每一幕天然风景，在与几位当地居民交谈互动中感受到的热流，在假期中获得的轻松自在和悠闲。

挥别了新竹的春雨绵绵，我在兰屿遇见了天气晴；时序仍是春天，在兰屿碧蓝的天空与海洋陪伴下，我已做好准备，迎接夏天的旅行。

菊岛仲夏
——热情澎湖

阳光金黄了夏风,海洋湛蓝了天空,咾咕石墙诗意了巷弄。

踏上菊岛,便是注定恋上这里的天与地。

菊岛的夏天,在此总能轻易地遇见"天气晴"。无畏艳阳灼伤了一身的皮肤,任性地从旭日初升玩到夕阳西下。足迹踏遍了南北环、南岛和北岛,阳光的脚步也随着我漫游菊岛。晴天为我们编织了一张张蓝色的记忆网,蔚蓝的天空、湛蓝的大海,那种透亮与清澈,总让我着迷,顾不得底片是否足够、记忆卡容量还剩多少,只顾着不断按快门。也许,我只是想要收集我在菊岛的每一个,天气晴。

咾咕石的味和着传香·散步二崁

白墙红瓦，巷弄交错，依然炽热的斜阳光芒四射，照进菊岛西屿的二崁古厝。暖色调在这充满古意的石墙瓦厝中散了开来，混着空气中淡淡的传香味，有些惬意，有些优雅。

在经济条件不佳的情况下，二崁聚落其实已流失了许多人口，如今仅存约莫七十户人家。此地有着将近四十间古厝，经过二崁协进会的社区文化保存运动后，重新将这些古厝修复并且艺术化，主要街道的每间古厝都具备不同的特色，套一句《海角七号》里"马拉桑"小米酒的行销词，"千年传统，全新感受"！走进二崁，就得走进这一间间的古厝一探究竟，二崁的文化就藏在这一间间的红瓦石厝中。

我沿着巷弄慢慢地走、随意地看，虽也有不少游客来来往往，但

还不至于影响到这里的清静。入口之处便可看见矮石墙上摆放着一盘一盘的传香正在晒太阳,一根根的传香是由澎湖唾手可得的野生植物"天人菊"、"野艾草"及"山芙蓉"所搓制而成的。也许是阳光的照射,让传香散发出淡淡的香气,掬一把香气轻轻地呼吸,瞬间感到一股自然的清新,神清气爽。走进传香古厝,二崁人正忙着搓揉传香,一边摆放着他们贩卖的大目船搭配二崁传香,据说这可是天然的驱蚊妙方,买个传香当作送人的纪念品,似乎比贝壳项链来得有意义多了!继续往前走去,是一家中药房"金元和药行",同时也是二崁褒歌馆,里头有不少有趣的纪念药包,"大补丸""金刚并碰丸""褒歌糖"等,药包上的逗趣说明总让人看了会心一笑。墙外几片高高低低的红瓦,题着白色的闽南语词句,展现着二崁的文学与流行音乐"褒歌"。

正当走累的时候，一股杏仁的香气从二崁常民生活馆飘了出来，让人忍不住上前买一杯杏仁茶解解渴。喝了一口，沁凉流窜全身，真有种暑气全消的感觉，而天然杏仁的浓醇芬芳更是令我赞不绝口。六天的菊岛行，我就在这里喝了两杯杏仁茶。这一刻，又忽然好想好想再喝一杯二崁杏仁茶。除了杏仁茶之外，这里也有卖一些珠螺丁香之类的零嘴，我们坐在板凳上一边试吃不同口味的珠螺丁香，一边喝杏仁茶解油腻，实在是太完美的搭配！常民生活馆内，陈设着二崁居民的生活古物及器皿、中药柜、漂流木椅、石臼、传统木床等，透过主人的巧思，把这儿布置得相当雅致，就连一个古早味的杏仁茶壶，都是风景。沿途都是二崁居民精心创作的彩绘与装置艺术，一面墙，一个角落，都别有风味。有些人家的庭院正晒着满地花生，在阳光下更显得耀眼饱满；庙旁的柑仔店门前，摆着二崁传统美食"土仁粿"，想尝尝菊岛花生味的旅人们可别错过。

踏上菊岛的第一天黄昏，便先来造访二崁古厝，着迷这不大的古厝聚落中独特的古味。一条不长的街道，竟足以让我逗留了两个小时，连民宿老板一听都大吃一惊。因为大多数的旅团来到这里，前后不到二十分钟就离开了，而我们不只停留这么久，甚至在第四天，执意再度走访二崁，也许只是想再多吸几口传香的芬芳，也许只是为了再喝一杯沁凉浓醇的杏仁茶，也许只是想以不疾不徐的姿态，随性地漫步二崁。

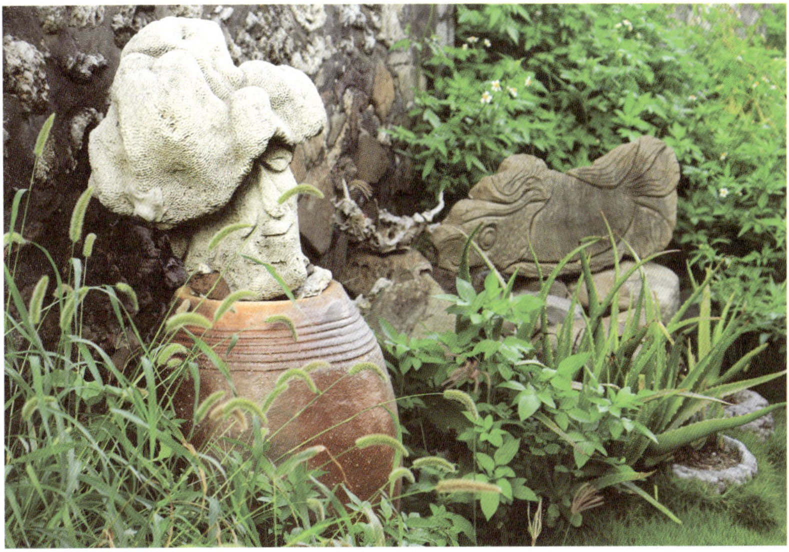

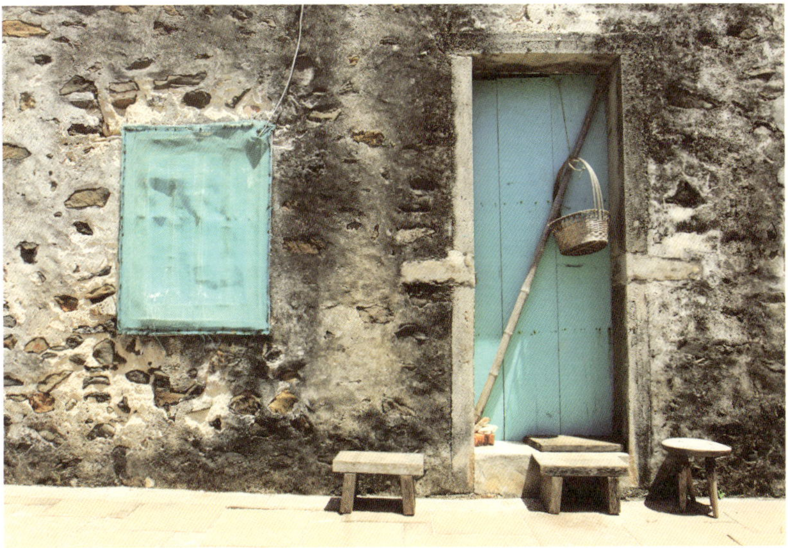

半日跳岛，望安与七美

搭乘七点五十分的快艇出发，望着港边的彩绘大油桶渐渐离开视线，在蓝天白云的做伴下南行。原以为一路应该风平浪静，没想到越到后来风浪越大，当快艇经过桶盘屿，本想拿着相机到船外拍照，但船只摇摇晃晃，根本无法站稳，更遑论拿起相机随性拍照了。而我，虽说曾搭过开往兰屿历时两小时四十分钟的"催吐船"，应是勇猛无比，没想到，这艘小快艇真的快让我挺不住了！此刻才深深体会到"乘风破浪"的意境。幸好，正当自己开始觉得极度不舒服之际，七美已经出现在眼前了！

由于没有在南海住上一晚，只好选择南海跳岛行程，停留在七美和望安的时间只有短短一两个小时。七美与望安都不大，路也不多，可是每条路都长得好像，来来回回间，却也不知不觉耗费不少时间。然，我还是感谢老天爷给了这天一个大好的天气，除了海与天的蔚蓝之外，还有一朵朵千变万化的可爱白云，使得湛蓝的天空生动不少。经过七美航空站，来到了双心石沪，这里几乎可成为代言菊岛观光的热门景点。我们站在悬崖边拍照的同时，一位在旁边的阿婆忍不住给了些摄影建议，并且不断地以闽南语说着："就水耶！夭寿水！"哈！原来她就是许多人口中的"夭寿水"阿婆。她看着我们两个，便提议要用拍立得帮我们拍照，眼见阿婆如此热情，只好劳烦她老人家了！当然，拍完以后，"夭寿水"阿婆仍不忘推销一下自己在卖的凉水、风茹茶等，我们也就买了一瓶答谢她老人家。

离开七美，抵达望安，已是正午时分，随意在港口附近找了家小吃店用餐，便又骑着车四处闲晃。望安著名的绿蠵龟保育中心，就在港口附近，展示着绿蠵龟的生态介绍，若能在望安住上一晚，也许还有机会可以亲眼目睹绿蠵龟上岸产卵。时间不多，我们打算先前往望安的其他景点，古名花宅的中社古厝是这次菊岛行之中我特别喜欢的景点。之所以名为"花宅"，是因小区中央有一突起的小丘，当地人称为花，因此称此聚落为花宅。这里的房子大多为闽式建筑，以咾咕石为主建材，屋檐、窗棂、大门处处皆有别致风景，有的人家会在窗户上设计自己家的姓氏，有的人家则是会弄上一个"囍"字，很有幸福

洋溢的感觉呢！当然，导游总不忘说起一段段老故事，只是看着花宅社区贴在墙上的公告，表达出对许多导游未事先做功课即随意穿凿附会的不满，我想，来到这儿的游客不妨停下来看看他们制作的历史介绍与Q&A，绝对能够更正确且深入地了解中社古厝。

一个早上的时间，就在这两个岛屿以及汪洋大海中度过。也许，下一次再来到望安、七美，我会选择在此住上一晚，看看是否能幸运地目赌绿蠵龟上岸，还有尽情享受草原上的满天星斗，感受南岛的自由自在与天辽地阔。

小管的日光浴·可爱风景

湛蓝天空是广大的布幕，洁白云絮点缀其中，咸咸的海风传来一波波热浪。菊岛的夏天来了，小管们一一排起队伍，开始做日光浴！

在菊岛的大街小巷骑车闲晃时，常常随处可见附近人家架起了简单的网子，在路的一边、咾咕石墙的上方，将成群的小管、扁鱼或八爪鱼整齐划一地排列在架子上，沐浴着热情的阳光，一会儿这面，一会儿又翻面，晒成干的香气与腥味儿混杂着摄氏三十五度的热气，在空气中飘荡，几只苍蝇也被这些气味吸引了过来，不停在空中逡巡盘旋。也许是"数大便是美"而吸引了我，但更让我印象深刻的其实是地面上的小管"背影"。拍摄的过程中，我常忍不住就蹲了下来，望着架子下那井然有序的背影，小管、八爪鱼、扁鱼等的背影各不相同，我尤其爱看小管与八爪鱼，总是透过它们美丽的背影，感觉它们迷人的身材曲线。画面既可爱又逗趣，着实令我暂且忘记自己仍在这片腥味浪潮中呼吸着。

当然，若要论起菊岛大规模的小管日光浴场，锁港的小管工厂的阵容可说是相当惊人。工厂里里外外的员工几十人，有的人在工厂内忙着处理新鲜的渔获，有的人忙着将渔获用推车推至广场上架，有的人忙着在骄阳下来回巡视，随时替小管们翻动身躯，好让它们能够晒得均匀些，不至于有肤色不均的窘况。锁港的小管日光浴场，绝对比国外著名沙滩还来得热闹，这里虽没有身材火辣的比基尼女郎，却有着最可爱的小管小鱼们！

在热情的太阳底下，小管、小鱼、小虾们尽情地享受日光浴，这些景象与气味，都是炎热的菊岛夏日里，我眼底最鲜明又最可爱的风景。

菊岛，古早味

在菊岛，处处都可见海鲜。海产的味美新鲜，当然不必再多说，但菊岛的古早味到底是什么，倒是令人好奇。

"仙人掌冰"是我对菊岛极为深刻的一项美食记忆。艳丽的深桃红色冰沙装在甜筒里，清爽沁凉的口感、酸酸甜甜的滋味，仙人掌冰的果香是台湾本岛尝不到的菊岛独特美食。马公市区的街上，四处都有贩卖仙人掌冰的店家，然，我们选择了通梁古榕附近的"易家仙人掌冰"，老板也热情地端出他贩卖的XO干贝酱、丁香鱼酥等让我们试吃品尝，阿婆的好客教人印象深刻。风茹茶也是菊岛的古早味之一，第一口喝进嘴里时，对这味道有些不习惯，也不知是不是天气实在太热的缘故，冰凉的风茹茶，竟然三两下就喝光光，喝完的瞬间，暑气全消。

这一次，也特别拜访了"花菜干"。很喜欢花菜干这栋老房子，红色砖墙混着石头贝壳，镶嵌着缤纷的碟盘瓦片；蓝色的两扇木门，贴上大红色的门联，好喜欢这样的古意。走进花菜干，才知道他们的招牌料理就是"花菜干"，这是因为当地气候无法种植出充足的新鲜青菜，而采取腌制的料理方式，相当下饭。除此之外，菜圃蛋、丝瓜盅也是传统美食。在极具古早怀旧气氛的空间里享用午餐，昏黄的灯光下，还真有不小心走入时光隧道，回到阿嬷那个古早年代的错觉。

澎湖的手工面线，也是特色之一。虽然少了一点口福，没能在现场品尝，但却亲眼目睹晒面线的过程。就在山水沙滩不远处，有一户人家在正午时分的骄阳照射下，汗涔涔地甩面线、拉面线、挂面线。说起来似乎容易，但若甩面的力道不对，长长的面线可能就会断成好几截。对我这种不专业的饕客来说，或许觉得面线断了也无妨，但是对于追求完美的制面线达人来说，对于面线的美观可说是近乎苛求了。

来到澎湖，再怎样也一定要尝尝这里的古早味啊！那可是在台湾本岛打着灯笼找也找不着的好滋味。

在海边　　寻找原味蓝

　　我曾去过无数个海边、沙滩，东海岸的七星潭、太平洋上的兰屿是我心中之最。而在走过菊岛的几处海边之后，险礁、菓叶、山水、莳里沙滩则又在我心中刻画下难忘的风景。

　　喜欢菊岛的海，我想有一大半是喜欢这原汁原味的蓝，另一大半则是喜欢这里干净的沙滩。在夏日湛蓝的晴空中，一大朵一大朵的白云与碧绿的海水相映成趣，细碎的礁石、贝壳和着柔细的白沙，连绵成一处长长的沙滩。光着脚踩在沙滩上，即便沙子的温度让脚底有些刺痛，但浪花褪去后的啤酒泡沫所留下的沁凉与泡沫在脚底渐渐消失的微妙触感，轻柔得令人喜爱。

　　这一次的北岛，我们只选择险礁作为水上活动的点，反倒没有前往相对比较有名气的吉贝。险礁虽

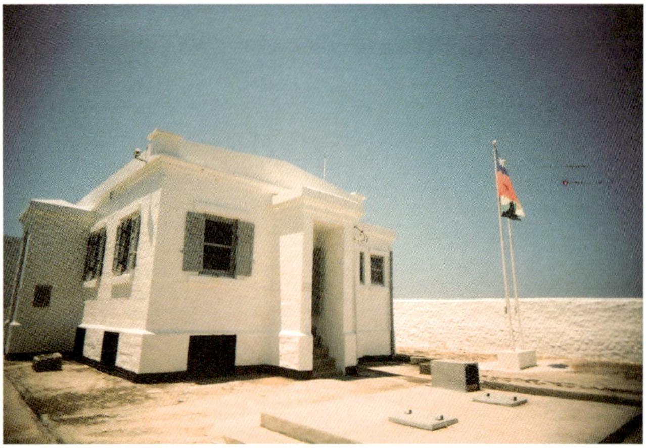

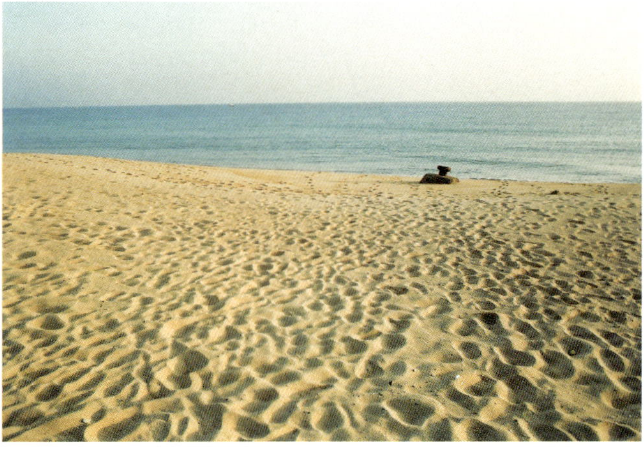

没有吉贝大,也没有逐渐流失的沙尾可以看,但这儿游客少很多,不必和许多人挤在同一片沙滩上,这片沙滩就像是属于我们的私人秘境。由碧绿到深蓝的清澈海水,衬着湛蓝的天空,心情都忍不住大好了起来。顾不了头顶的太阳是如何炽热地照耀着,就这样在这里晒了一个早上也无所谓。

山水与莳里沙滩相隔不远,两边都是绝佳的戏水天堂。黄昏的时候,买瓶海尼根,穿着夹脚拖来这儿踩踩沙子,在潮水前进与后退之间,感觉海与沙子的呼吸。看着来戏水的大小孩们漫步在沙滩上留下一个个脚印,看着一对对情人豪迈地坐在沙滩上任由浪花绽放,看着年轻人在沙滩上尽情地挥洒汗水打着排球,看着小朋友拿着铲子、水桶开始筑起了沙堡。潮声、欢笑声就在这海边蔓延了开来,随着西边那颗渐渐沉落的橘子糖一起沉醉……

这清澈得见底的海滩,记忆深刻的蓝,菊岛海边踏浪戏水的悠闲快活,都是最原味的菊岛夏天。

岁月　失落的笃行十村

从马公市区穿过了顺承门，仿佛走进了一条时光隧道，整齐的巷弄间平和静谧，与城门另一头的热闹市区比起来，这里似乎更有遗世独立的清幽宁静。全国最古老的眷村聚落，就在菊岛的笃行十村。

笃行十村是日本马公重炮兵大队，在公元 1907 年进驻后兴建的宿舍，1946 年规划为军方眷属住宅区，在纵横交错的巷弄间，走过悲欢交错的漫漫世纪。如今，原先住在这里的几十户居民已搬家迁移到新的大楼，失落的记忆搬进了这里。可是，站在这里的我，仍庆幸着自己能亲眼见到这些历经数十年风霜的老建筑，即便显得有些残破，但它却是如此珍贵。

漫步于小巷中，有的人家门扉半掩，有的屋舍早已倾塌颓圮，然，嵌在围墙上的碎酒瓶，在午后的阳光下，依旧显得耀眼。庭院中杂乱的花草树木，向上又向外地恣意伸展，在蔚蓝天空的衬托下，似乎正朝气蓬勃地呐喊着眷村的青春记忆。这些花花草草啊，我多么开心着你们还能记得按着时序生生不息，老屋子不再有人，这儿的生命气味就靠你们来延续。在一片的水泥石墙中，一扇扇红色、青色的木门衬着茂盛的绿叶，光影交错中，别有一番美丽的风味。而我，爱极了这样的味道。

　　沿着小巷往海的那一方走去，"阳光、沙滩、海浪、仙人掌，还有一位老船长"，潘安邦的歌声传进了耳里。这是潘安邦的故居，经过了县府的整修规划后，走进这里，穿越一道咾咕石墙，便能看见儿时的潘安邦以及外婆的雕像，祖孙俩坐在墙上，眼睛望出去的就是传说中"外婆的澎湖湾"。虽然没有小径可走至湾口，但在音符的缭绕中，也似乎可想象着那歌词里的一景一物，绝对比现在动人许多。碍于时间的因素，我并没有继续前进寻找张雨生小时候的家，但在这个小小的眷村里，能孕育出这两个好声音，造就两位歌坛名人，令人不禁猜想着几十年前的这儿有些什么荣景，坐在家里的围墙上，就能望见美丽的港湾及夕阳，又是多么惬意的事。

　　巷弄之间，林荫底下，漫步或驻足。举起手边相机按着一次次快门，但愿这儿宁静的古味能永远留存。哪天，若你走进了笃行十村，记得放慢脚步，轻声细语，把这里的静谧之美收进眼底，用最温柔的方式记下这里。

菊岛，也可以很艺术

在菊岛的某个晚上，我们住在石泉的"船屋"。船屋的主人陈扶气大哥是一位很特别的艺术工作者，他喜欢收集许多和庙宇有关的事物，进行许多的装置艺术。港口附近，停了几艘船，这些都是重新改造过后，用来作为民宿的船屋。几座造型特别的风车，就伫立在这个园区里，在蓝天之下，缤纷的色彩煞是好看。

往菓叶海滩的小路上，也有一位以漂流木为创作题材的阿伯。我一向喜欢漂流木质朴的颜色，也喜欢有人能发挥巧思，将漂流木做成艺术装置。捡漂流木、彩绘与设计漂流木，应该就是这位阿伯的兴趣。房子的墙边摆放着一根根长短不一的漂流木，经过阿伯的巧手，变成了龙、蛇、椅子，实践出阿伯脑海里的想象力。

艺术，不是只存在于城市里，在淳朴的菊岛海边，也有着独特的艺术人文气息。

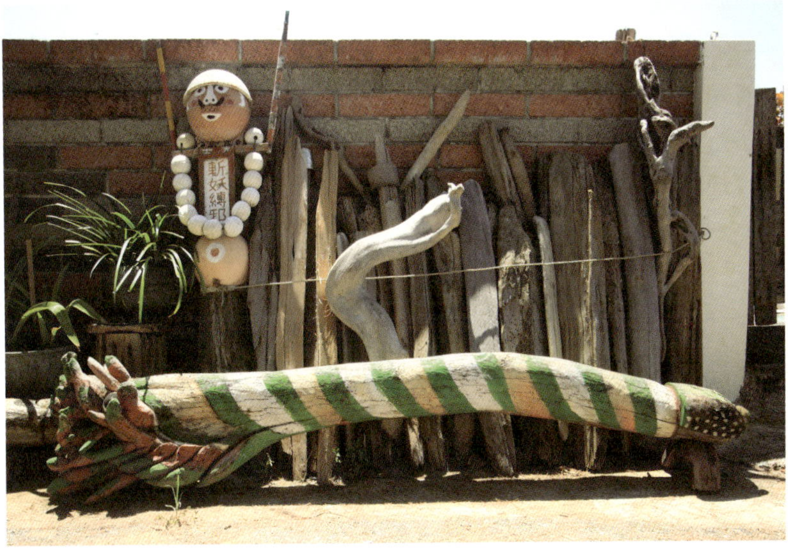
斬妖縛邪

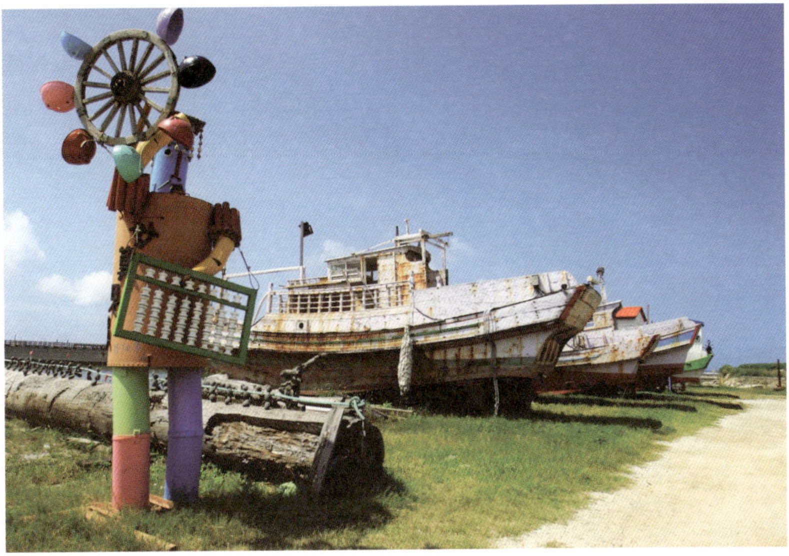

秘境，漫慢游

许家村的墙壁彩绘，缤纷了视界；在通梁的古榕下，享受微风轻拂来的凉爽；在易家仙人掌冰与老板娘闲话家常，品尝温暖的人情味。当然，遇见小路时，也不忘抱着好奇的心一探究竟，期待能有新发现。镇海村的洋楼，在以咾咕石为主的澎湖古厝中，别有一番独特的味道。小径内的古厝、古井，在青苔与裂缝中诉说着斑驳的过去，家门前晒着一片金黄的花生，或是小管、小鱼，在独有的气味里传递出澎湖人的生活文化。过了跨海大桥后，拥有特殊地质景观的小门鲸鱼洞，还有我最爱的二崁古厝，丰富了我在菊岛的漫游。

六天连假，或许有人会选择出国度假，而我则是决定到菊岛 long stay。夏之菊岛，那是再多文字与照片也叙述不完的，放进眼里与脑海的风景，还有这一路漫游的悠闲惬意，全部深刻地烙印在自己的心底，一切的一切，只有亲身走过，才能深深体会。

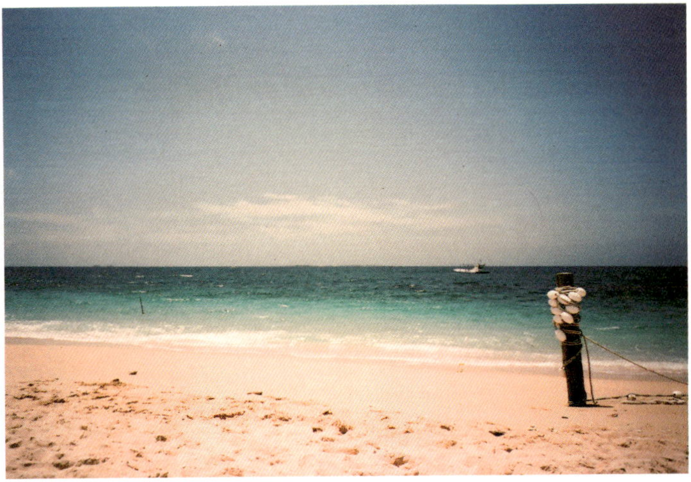

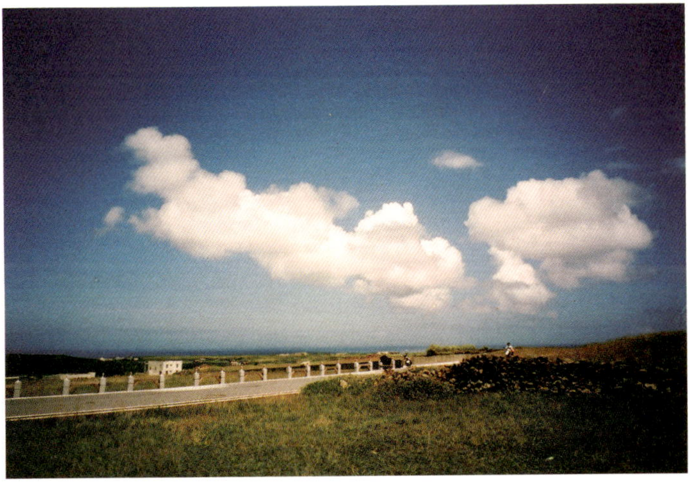

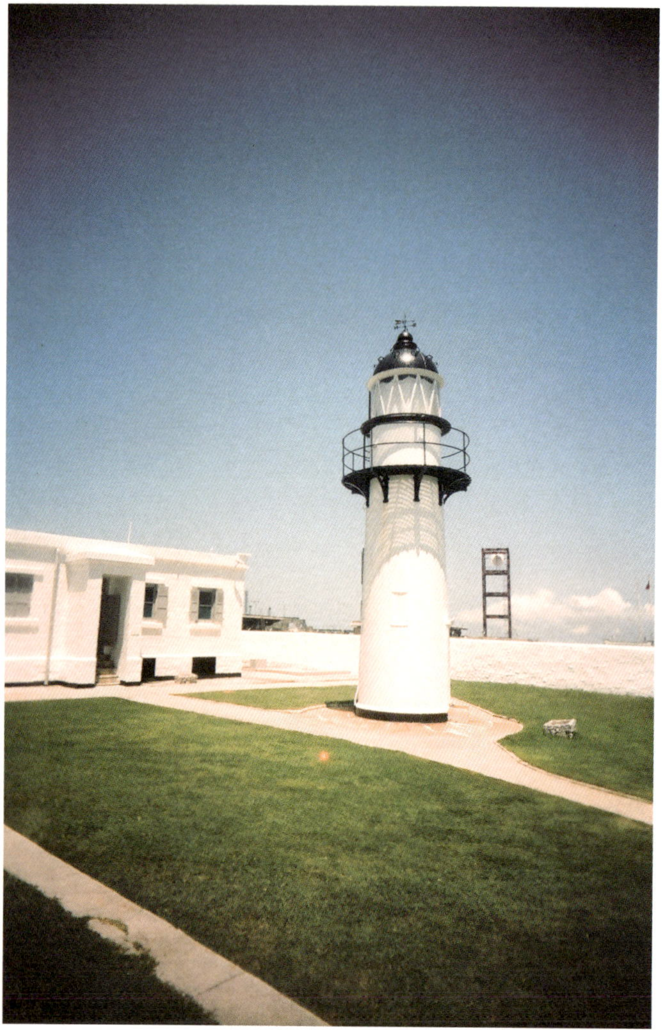

emico
Q & A

街拍分享

Q1. emico 使用的相机机型有哪些呢？各台相机的特色分别是什么？而 emico 又都是如何抉择呢？

A：以数码单反相机来说，我都是接触 CANON 系统的入门款相机（像是 400D、500D），对于品牌的选择完全基于可互相交换镜头支持的考量，因周遭亲友都是 CANON 族群之故，所以一直以来都是玩 CANON 相机。选择入门款相机则是因为体积小、重量轻，对于喜欢旅行的我来说，着实方便太多。

以底片机来说，我使用的有 CANON AE-1 搭配 50mm 的定焦镜、Fuji NaturaS（俗称"那秋 S"）。AE-1 诞生于我出生的年代，它记录了我的童年时光，对它始终有一份难以割舍的情感。"那秋 S"则是相当方便的随身底片机，优秀的大光圈定焦镜头与令人喜爱的发色，成了我珍藏的梦幻相机。

Q2. 一直以来，数码与底片之间各有拥护者，emico 两者都有使用，请问你是如何看待数码相机与底片机呢？它们各自对你的意义是？

A：初接触摄影，我是从数码相机开始的。数码相机即拍即看，在不同的摄影环境中，透过反复的拍摄即调整相机设定值来摸索

简单
生活

几何
线条
排列

摄影的基本技巧，对于新手学习摄影其实有莫大的帮助。再从便利性与经济性考虑，数码相机对我来说还是很难被底片机取代。在需要大量拍摄动态人事物、活动记录、长途旅行时，数码相机依然会是我的首选。

底片机亦是我的心头好，数码相机使用一年多后，开始从最简单的 Vivitar UltraWideSlim 玩起，直至现在仍使用中的 CANON AE-1，底片成像丰富的层次感，以及绝佳的色彩演绎，总让我为之深深着迷。而拍摄底片反倒让自己可以审慎地决定按下快门的瞬间，因此旅行时我最喜欢给自己一天一卷底片的限制，期待自己可以达到一卷 36 张，张张都精彩的境界。尔后，等待拿到冲扫底片的刹那，更是如同乐透开奖般充满期待与不安！摄影也因此多了几分乐趣。

这一路走来，不论是数码相机或是底片机，对我来说都各有深刻的意义，没有决然的推崇哪一种相机，能拍出自己心中的风景，就是好相机。

Q3. emico 的作品照片，除了取景特殊外，色调也是相当具有特色。emico 是否有偏好使用的底片以及底片冲洗店家呢？

A：最喜欢 Kodak 160NC、400NC，清丽舒服的发色是它最优秀之处，但这款底片价格偏高，且不算容易入手，因此只能偶尔在特殊或重要场合时使用。最常使用的其实还是 Fujifilm

X-tra400，相较之下这款底片显得经济许多，市面上也常见，虽称不上是极具特色的底片，但是对拍摄日常生活点滴来说，室内外风景皆宜，已是相当好用的底片。至于冲洗店家的选择，我并没有特别去研究，一直以来几乎都是交给新竹三上彩色冲印店进行冲扫，有一定的冲扫品质且能提供六百万画素的大档，地利之便，因而成了我的最佳选择。

Q4. emico 照片上的文字浮水印是用什么软件加上去的呢？对于照片后制的看法是什么？喜欢进行哪些后制调整设定呢？

A：文字浮水印都是用 Photoshop 去做，不过其实有很多软件也都可以办到，选一套自己顺手的软件就行。至于照片的后制，我则抱持开放的态度看待，摄影之于我，是为了拍出心中美好的画面或想象，有时透过后制的调整才得以符合心中期待，那么后制也未尝不可。摄影本身就是一个相当个人化的活动，不需要给自己太多牵强的限制。后制的设定，我多以 LightRoom 进行色温、饱和度、曝光值的调整，且对于影像风格的呈现，也常常随着时空流转与心境转化而有不同的喜好，就听从自己心的决定吧！

漫步
田野

花见

Q5.emico 有欣赏的摄影师，并且会追踪订阅更新吗？例如部落格、粉丝团、摄影师等。

A：日本女写真家市桥织江（Orie Ichihashi）的影像，带有一种淡淡的温柔，简单的构图带出纯净的画面，清雅的色彩似有宁静祥和之感，仿佛透过她的影像也能呼吸到风景里的空气，感受到当下的慵懒氛围。

同样是日本写真家的滨田英明（Hideaki Hamada），在我心中可说是家庭生活摄影的代表，他的影像多是记录两个孩子生活的点点滴滴，绝妙的光线捕捉，适切距离与角度的方形构图，使得画面清透之外又简洁有力。Haru 和 Mina 可爱逗趣的样子简直快要融化我的心，也让人猜想这一定是欢乐又温馨的一家人，才能营造出这般轻松自然的氛围与亲子之间的温暖流动，对于家庭生活可又多了几分美好的憧憬。

市桥织江：www.ichihashiorie.com
滨田英明：www.flickr.com/photos/hamadahideaki

Q6.许多生活中经常忽略的小角落，因为 emico 的摄影眼，这些细节得以被看见，散步街拍时，emico 会特别观察哪些地方呢？要如何培养摄影眼呢？

A：旅行或散步的路上，是"心"与"境"的联结，如此才有可能透过影像展开对话，借景喻情或是寄情于景，缓慢移动之间，鲜少被常人注意到的小角落便会在此时映入眼帘。摄影眼的培养，不应只是一味地翻看摄影构图教学书籍，除了大量阅读名家作品之外，透过非摄影类的书籍杂志，广泛阅读，其实也能从中获得不同的启发。例如，有一阵子我很喜欢饮食文学，于是借由书中描述各式食材、烹煮过程、触动味蕾的瞬间，文字幻化成脑海的画面，我对于食物有了丰富的想象，便期待着有朝一日能捕捉这样的画面。

此外，对这世界的人事景物充满好奇心与想象力，尝试用不同的角度观察，用不同的距离切入，便能拥有不一样的视界。日常生活中，不妨也试着时时将眼睛当作相机，定格记录每一格风景作为观看世界的练习！

Q7．对于 iPhone 摄影，emico 有推荐的 APP 软件吗？

A：iPhone 的摄影 APP 相当丰富，我尤其注重 APP 的滤镜效果以及功能的完整性、便利性。以下推荐自己时常使用的几个摄影 APP：

1：1 的构图思考，蓬勃发展的摄影社群——Instagram
丰富又特别的滤镜效果，质感佳——VSCOcam
影像后制功能强大——Snapseed
一按快门就搞定，随机滤镜的即时惊喜——CrossProcess

Q8．emico 会有遇到瓶颈的时候吗？例如拍的照片很像，或是感觉无法再更进步，这时候你会怎么调适，让自己保有对摄影的热情呢？

A：生活，难免会遇到挫折；摄影，当然也会有瓶颈。对我来说，摄影遇到瓶颈便是对生活步调的提醒，当日子过得忙碌紧凑时，总会感觉自己无法静心阅读这个世界，无法享受摄影的愉悦。因此，我会暂缓拍照的动作，选择从别的事情来激发对生活的热情，阅读一本小书，聆听几首乐曲，重新开启对这世界的想象。当我能有越丰富的想象，便更有行动力想要将这些想象化为镜头里的风景。想要对摄影保有热情，必然先必须对自己的生活、对周遭的世界充满热忱与爱！

Q9．未来，emico 还会继续发掘更多新视界吧！有没有想要尝试或是希望持续关注的摄影题材呢？

A：我习惯从生活中勾勒心底的风景，也时常从风景中萃取生活的温度，因此，还是会持续记录日常的生活风景，即便是零零碎碎的生活片段，这些片段终将组成永恒，蓦然回首，这些风景都将是生命最好的答案。除此之外，我也很希望可以继续走访台湾的自然与人文风景，透过分享这些朴实而美好的风景，感受这片土地的实实在在的温度，我只是一个小人物，却也总能感觉自己一直如此有意义地存在着。

Q10. 摄影,对你而言是什么呢?

A:对我来说,摄影不单只是按下快门或是光圈、快门与曝光值的交互作用,而是在平凡的生活里透过凝结一瞬的影像来呈现心中的意念或是思考的转译。相机如同我的心眼,直觉地传达"心的看见",透过摄影的历程解构世界,同时也将自己生命的经验与故事建构于一幅幅风景中。而我,始终喜欢透过影像解构、重新建构自己的生命故事。摄影之所以美好,不在于拥有高深的摄影技巧,亦不是拍出曝光正确、构图工整的照片,而是借由镜头的转动看见触动自己内心深处的"心风景",一吋一吋,生命因此愈加丰富绮丽。

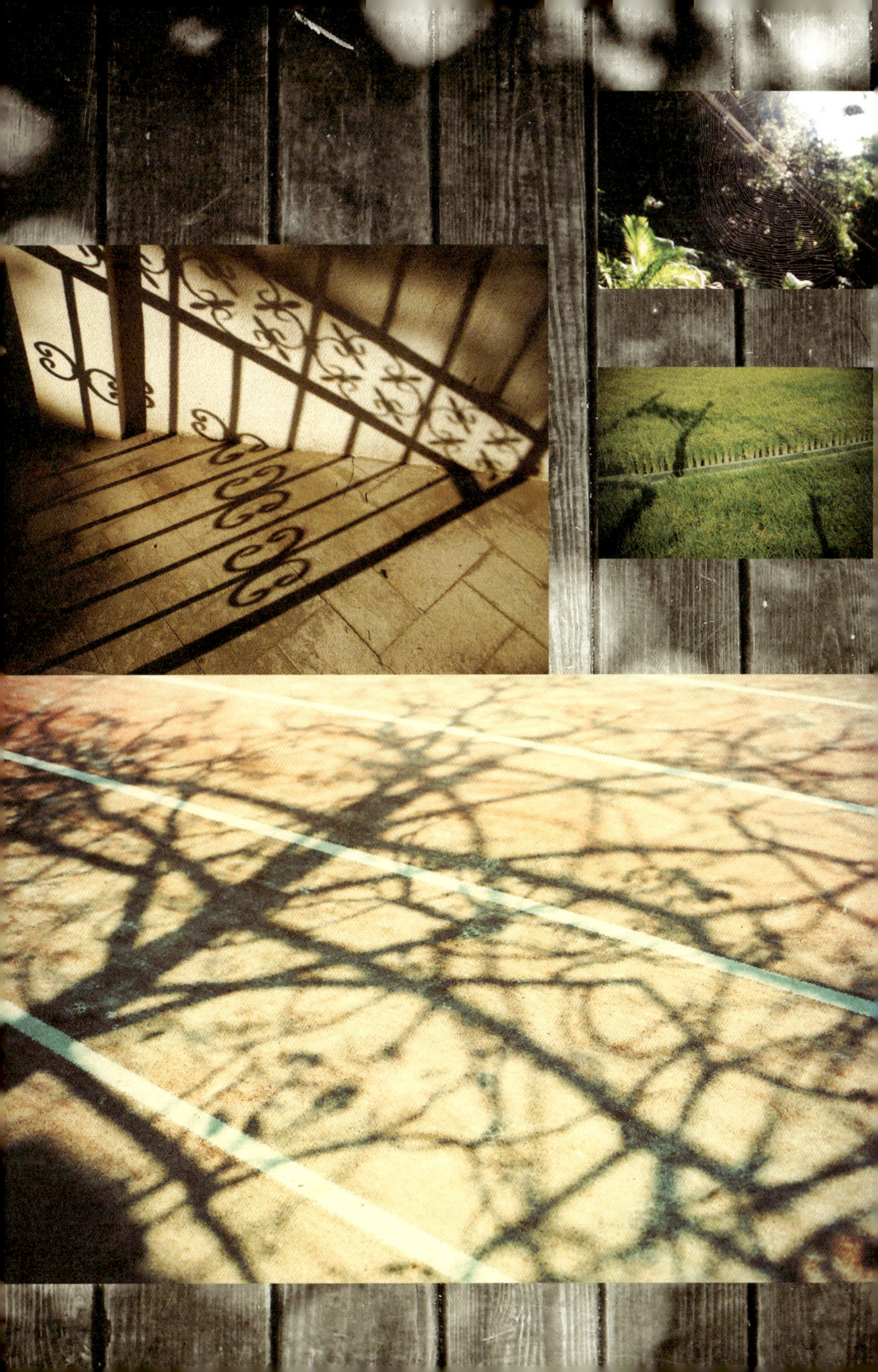

日光
幸福

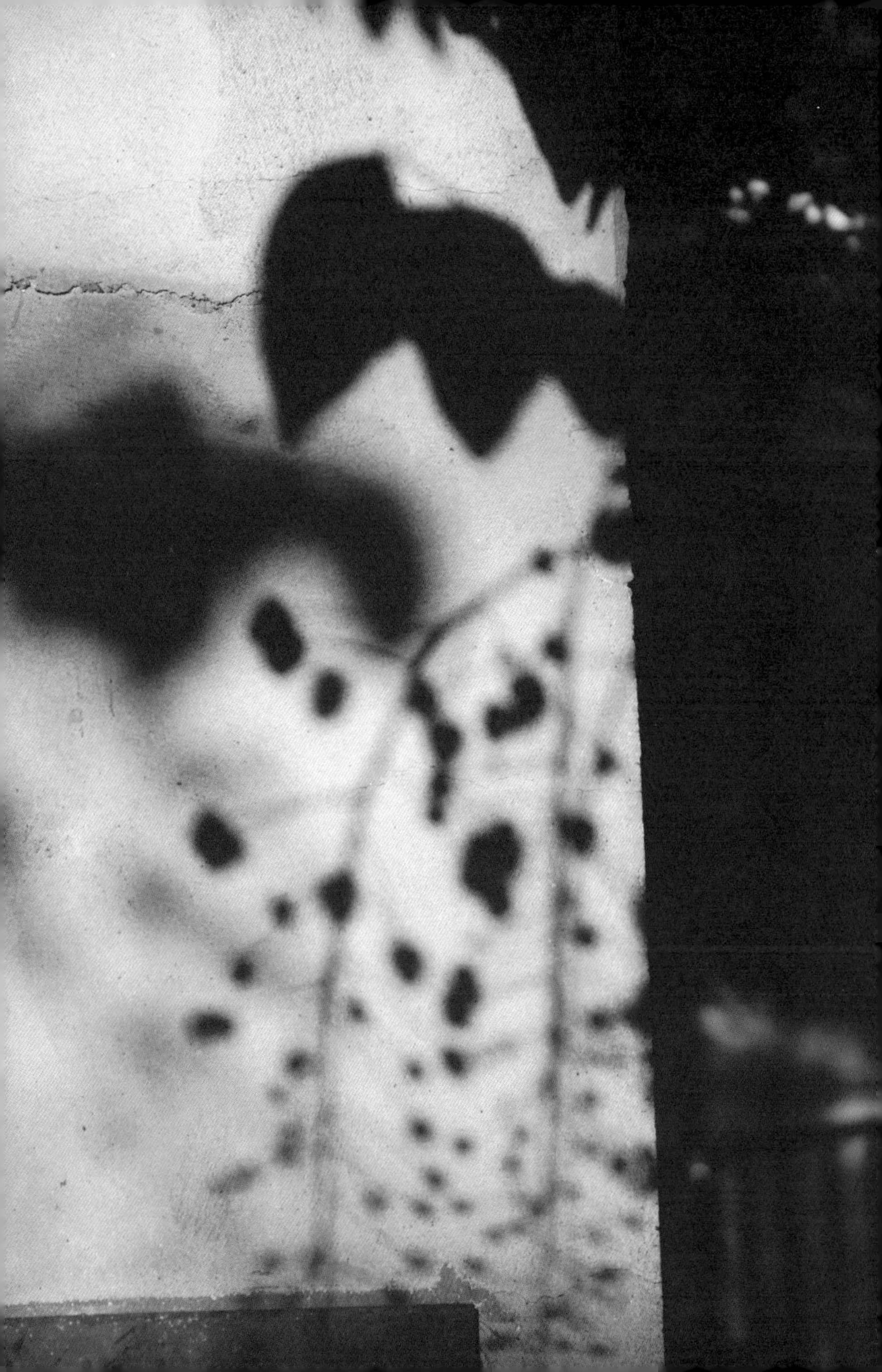

著作权合同登记号　图字 01-2015-4470

台湾街角小旅行：emico 的散步地图
emico 著
版权属于 © 城邦文化事业股份有限公司
PCuSER 计算机人出版事业部创意市集出版社，2013
简体中文版授权 © 人民文学出版社有限公司 2015 出版
版权所有，非经书面同意，不得以任何形式任意重制、转载

图书在版编目 (CIP) 数据

台湾街角小旅行：emico 的散步地图 /emico 著．—北京：人民文学出版社，2015
ISBN 978-7-02-011263-0

Ⅰ．①台　Ⅱ．① e…　Ⅲ．①旅游指南—台湾省　Ⅳ．① K928.958

中国版本图书馆 CIP 数据核字（2015）第 286060 号

责任编辑	涂俊杰
装帧设计	李思安
责任校对	李　雪
责任印制	苏文强

出版发行	人民文学出版社
社　　址	北京市朝内大街 166 号
邮政编码	100705
网　　址	http://www.rw-cn.com

印　　刷	北京千鹤印刷有限公司
经　　销	全国新华书店等

字　　数	94 千字
开　　本	889 毫米 ×1290 毫米　1/32
印　　张	8.75
印　　数	1—10000
版　　次	2016 年 6 月北京第 1 版
印　　次	2016 年 6 月第 1 次印刷

书　　号	978-7-02-011263-0
定　　价	39.00 元

如有印装质量问题，请与本社图书销售中心调换。电话：01065233595

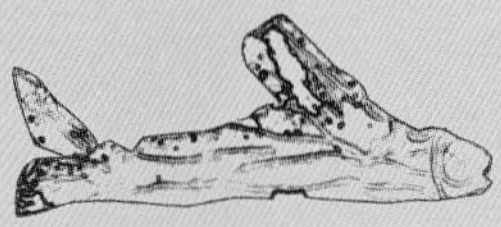

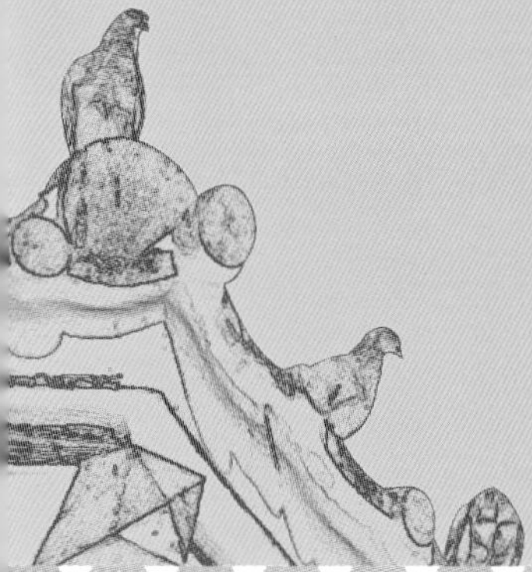